"高校思想政治理论课要点精讲"丛书

U0653022

《思想道德修养与法律基础》

要点精讲

主　编　张阔海

副主编　陶蕴芳　余加宝

西安电子科技大学出版社

内容简介

为了使教学更高效地运行，我们以统编教材《思想道德修养与法律基础(2018 年版)》(高等教育出版社 2018 年出版发行)为蓝本，以教学大纲为指导，编写了本书。本书对原教材的内容进行了简化，使之更凝练，并突出了重点和难点。

本书共 6 章内容，各章从知识结构、基本概念和关键问题等三个方面分析和讲解课程内容，有助于学生从整体上深化对教学内容的理解和把握，力求既减轻教师的备课负担，又能缓解学生的学习压力，从而更有利于教与学。

图书在版编目(CIP)数据

《思想道德修养与法律基础》要点精讲 / 张阔海主编. —西安：西安电子科技大学出版社，2019.8
ISBN 978–7–5606–5343–3

Ⅰ. ① 思… Ⅱ. ① 张… Ⅲ. ① 思想修养—高等学校—教学参考资料 ② 法律—中国—高等学校—教学参考资料 Ⅳ. ① G641.6 ② D920.4

中国版本图书馆 CIP 数据核字(2019)第 157952 号

策划编辑 秦志峰
责任编辑 秦志峰
出版发行 西安电子科技大学出版社(西安市太白南路 2 号)
电　　话 (029)88242885　88201467　　邮　编　710071
网　　址 www.xduph.com　　　　电子邮箱　xdupfxb001@163.com
经　　销 新华书店
印刷单位 西安日报社印务中心
版　　次 2019 年 8 月第 1 版　　2019 年 8 月第 1 次印刷
开　　本 787 毫米×960 毫米　1/16　印 张　5
字　　数 63 千字
印　　数 1～1000 册
定　　价 15.00 元
ISBN 978–7–5606–5343–3 / G

XDUP 5645001–1

如有印装问题可调换

教育部高校示范马克思主义学院和优秀教学科研团队

建设项目(18JDSZK111)成果

陕西高校人文社会科学英才计划【陕教高 2015(16)号】项目成果

中央教育教学改革专项"党的十九大精神融入高校思政课

教学模式研究"项目成果

序

　　思想政治理论课是巩固马克思主义在高校意识形态领域指导地位、坚持社会主义办学方向的重要阵地，是全面贯彻落实党的教育方针、培养中国特色社会主义事业合格建设者和可靠接班人、落实立德树人根本任务的主渠道，是进行社会主义核心价值观教育，帮助大学生树立正确世界观、人生观、价值观的关键课程。21世纪以来，党中央高度重视思想政治理论课建设，加强顶层设计，从学科建设、机构设置、队伍建设、课程建设等方面统筹用力，取得了长足的进展。应该说，十多年来，无论是从理论体系到教学体系的转化，还是思想政治理论课的教学效果，都反映出新时期高校思想政治理论课的改革取得了重要进展。但是，我们也应看到，高校思想政治理论课建设离实现党和国家对课程的期望、对马克思主义理论学科的支撑、满足新时期大学生成长与成才的需要还有不小的距离。现实中，也有不少学生不愿学思想政治理论课、教师不乐教思想政治理论课，高校思想政治理论课的改革依然在路上。

　　中宣部、教育部在教社科[2008] 5号文件中明确指出，"思想政治理论课教师要以教材为教学基本遵循，在教材体系向教学体系转化上下功夫，真正做到融会贯通、熟练驾驭、精辟讲解"。习近平总书记在学校思想政治理论课座谈会上也指出，"推动思想政治理论课改革创新""推动思想政治理论课建设内涵式发展"，课程建设的重要性进一步凸显。作为一线思想政治理论课教师，我们近些年围绕理论体系向课程体系、课程体系向教学体系、教学体系向知识体系、知识体系向信仰体系转化等方面进行了初步探索，尤其是在教材体系向教学体系的转化方面，我们始终坚持"传授知识与思想教育相结合，理论武装与实践育人相结合"，不断丰富教学内容，改进教学手段，教学效果得到了广大学生的好评。

本系列书以习近平新时代中国特色社会主义思想铸魂育人，贯彻党的教育方针，落实立德树人根本任务，按照全面加强和改进高校思想政治理论课建设的相关要求，秉持问题导向与目标导向并重的原则，在吃透教材、明确问题的基础上，精心设计教学环节，融知识概览、重点解析与问题拓展于一体，不仅可以拓展课程的知识面，而且有利于学生更全面地把握课程体系和知识体系，彰显"四个自信"的强大力量。

党的十八以来，以习近平总书记为核心的党中央锐意改革、开拓进取，在治党治国治军、内政外交国防、政治经济文化社会生态文明等方面取得了历史性成就，为思想政治理论课教学提供了有力支撑；中华优秀传统文化、革命文化和社会主义先进文化，为我们一线教育工作者推进思想政治理论课教学改革提供了深厚力量。

"办好思想政治理论课关键在教师，关键在发挥教师的积极性、主动性、创造性。"习近平总书记在学校思想政治理论课教师座谈会上如此强调。多年来，我们教学团队坚持给本科生授课，无论是教学经验丰富的中老年教师，还是风华正茂的教坛新秀，都对办好思想政治理论课、讲好思想政治理论课倾注了极大的心力，也获得了同行、学生的高度认可。对照总书记所讲的思想政治理论课教师的六个方面的要求，我们是站得住的；对照总书记对思想政治理论课教学改革创新的八个方面的具体要求，许多我们正在做，还有一些准备做。

正是从一线教学实际出发，我们提出了基于问题导向的思想政治理论课教学改革总体思路，涵盖五门课程，具体改革思路分为"教学体系研究""要点精讲""专题教学设计"等系列，其中的许多做法已经在西安电子科技大学、陕西科技大学、西安工业大学等学校进行了实践，并取得了很好的效果。

我们深知，教学是一个良心活，要做到让学生"真心喜爱、终身受益、毕生难忘"，必须统筹各方面力量，实现思想政治理论课的协同发力和协同创新。我们深知，改革所取得的一点成绩，都是在学校各级领导的关心、各位老师的支持下取得的。思想政治理论课的特殊性在于其承载着立德树人的重要使命，而思想政治理论课教师更是责任重大、使命光荣。我们希望，该系列丛书的出版可以帮助教师备好课，帮助学生学好思想政治理论课，促进高校思想政治理论课课程教学效果的提升，让广大青年学生更好地理解、认同马克思主义中国化理论成果，提升大学生的理论素养，不断增强理论思维能力和创新能力，自觉践行社会主义核心价值观，为实现中华民族伟大复兴的中国梦而努力奋斗！

贾钢涛

2019 年 3 月

前　言

《思想道德修养与法律基础(2018 年版)》(高等教育出版社 2018 年出版发行)全书包括四大部分，第一部分为导引，主要包括绪论和后记，重点内容为我们处在新时代这一新的历史方位，大学生成长成才目标和课程主要内容的介绍。第二部分包括第一章到第四章，为思想部分，重点内容有人生观、理想信念、中国精神、爱国主义、时代精神、社会主义核心价值观等。第三部分包括第五章，为道德部分，重点内容有优秀道德、公民道德准则、社会公德等。第四部分包括第六章，为法律部分，重点内容有中国特色社会主义法律体系、法治道路和法治思维等。

思想道德修养主要针对大学生成长过程中的思想道德和法律问题，结合中国特色社会主义进入新时代的宏观背景，以践行社会主义核心价值观为核心，以引导学生树立正确的人生观为起点，从加强学生的理想信念着手，坚定其爱国主义精神，使其明大德、守公德、严私德，同时着力于培养学生的法治思维，使其积极尊法、学法、守法、用法，从而具备优秀的思想道德素质和法治素养，自觉成长为担当民族复兴大任的时代新人。可见，本课程既具有思想性、政治性、理论性，又融入了科学性和实践性，引导同学们通过理论学习，将理论知识转化为实际行为，做到知行合一，"扣好人生的第一粒扣子"。

为了使教学更高效，我们根据教学大纲的要求，并结合教材的具体内容，编写了本书。书中按章节分别编排了知识结构、基本概念、关键问题等，并将各章的学习目标、方法以及经典案例等融入其中，既便于教师概括教材内容，也有利于学生掌握各章重点内容。

本书由西安电子科技大学张阔海担任主编。其中，张阔海编写了绪论、第四章和第六章；陶蕴芳编写了第一章和第二章；余加宝编写了第三章和第五章。

编者

2019 年 3 月

目 录

绪论 1

　　一、知识结构 1

　　二、基本概念 1

　　三、关键问题 1

第一章　人生的青春之问 4

　　一、知识结构 4

　　二、基本概念 4

　　三、关键问题 5

第二章　坚定理想信念 12

　　一、知识结构 12

　　二、基本概念 12

　　三、关键问题 13

第三章　弘扬中国精神 20

　　一、知识结构 20

　　二、基本概念 20

　　三、关键问题 21

第四章　践行社会主义核心价值观 25

　　一、知识结构 25

二、基本概念 25

三、关键问题 26

第五章　明大德、守公德、严私德 34

一、知识结构 34

二、基本概念 34

三、关键问题 35

第六章　尊法、学法、守法、用法 49

一、知识结构 49

二、基本概念 49

三、关键问题 50

绪　论

一、知识结构

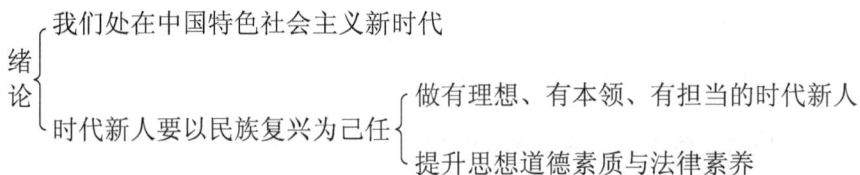

绪论 ⎨ 我们处在中国特色社会主义新时代
时代新人要以民族复兴为己任 ⎨ 做有理想、有本领、有担当的时代新人
提升思想道德素质与法律素养

二、基本概念

(1) 新时代：中国历史发展和世界历史发展符合规律性的演进阶段。

(2) 思想道德素质：人们的思想观念、政治立场、价值取向、道德情操和行为习惯等方面品质和能力的综合体现，反映着一个人的思想境界和道德风貌，是促进个体健康成长、社会发展进步的重要保障。

(3) 法治素养：人们通过学习法律知识、理解法律本质、运用法治思维、依法维护权利与依法履行义务的素质、修养和能力，对于保证人们尊崇法治、遵守法律具有重要的意义。

三、关键问题

1. 中国特色社会主义进入新时代的意义是什么？

(1) 从中华民族复兴历史进程来看，中国特色社会主义进入新时代，意味着近代以来久经磨难的中华民族迎来了从站起来、富起来到强起来的伟大飞跃，迎来了实现中华民族伟大复兴的光明前景。

(2) 从科学社会主义的发展进程来看，中国特色社会主义进入新时代，意味着科学社会主义在 21 世纪的中国焕发出强大生机活力，在世界上高高举起了中国特色社会主义伟大旗帜。

(3) 从人类历史进程来看，中国特色社会主义进入新时代，意味着中国特色社会主义道路、理论、制度、文化不断发展，拓展了发展中国家走向现代化的途径，给世界上那些既希望加快发展又希望保持自身独立性的国家和民族提供了全新的选择，为解决人类问题贡献了中国智慧和中国方案。

(4) 从中国近现代历史和世界历史来看，中国特色社会主义进入的新时代，是中国必将实现中华民族伟大复兴中国梦的新时代，是科学社会主义必将大放异彩的新时代，也是改革开放不断深入、富强民主文明和谐美丽的社会主义现代化强国必将建成的新时代。

2. 如何成为有理想、有本领、有担当的时代新人？

(1) 要有崇高的理想信念，牢记使命，自信自励。崇高的理想信念是事业和人生的灯塔，决定着我们的方向和立场，也决定着我们的精神状态和实际行动，直接关系着人生目标的选择、人生价值的实现。若没有崇高的理想信念，就会导致精神上的"软骨病"，人生勇气、意志与毅力都会出现严重问题，从而极易受到各种不良思想行为的诱惑、误导、传染，难以在时代洪流中成为砥柱新人，甚至被时代洪流所淘汰。大学生要保持对理想信念的激情和执着，将实现"两个一百年"奋斗目标、实现中华民族伟大复兴中国梦的历史使命内化为担当的自觉，外化为实际的行动，从容自信、坚定自励。

(2) 要有高强的本领才干，勤奋学习，全面发展。不断增强的本领才干，是青春焕发光彩的重要源泉。新时代大学生素质和本领的强弱，直接影响着民族复兴的进程。大学生应把学习作为首要任务，树立梦想从学习开始、事业靠本领成就的观念，让勤奋学习成为青春远航的动力，让增长本领成为青春搏击的能量。

(3) 要有"天下兴亡、匹夫有责"的担当精神，讲求奉献，实干进取。青春至美是担当，青年的担当是决定人生价值的最大砝码，是影响时代发展进程的重要力量。作为实现中华民族伟大复兴的生力军，大学生的担当精神体现为奉献祖国、奉献人民、尽心尽力、勇于担责，必须讲求奉献，实干进取，自觉树立国家意识、民族意识、责任意识，把个人的前途命运与国家、民族的前途命运紧紧地联系在一起，在尽责集体、服务社会、贡献国家中实现人生理想和人生价值。

3. 提升思想道德素质与法治素养的意义是什么？

思想道德素质和法治素养是人应该具有的基本素质。思想道德素质是人们的思想观念、政治立场、价值取向、道德情操和行为习惯等方面品质和能力的综合体现，反映着一个人的思想境界和道德风貌，是促进个体健康成长、社会发展进步的重要保障。法治素养是指人们通过学习法律知识、理解法律本质、运用法治思维、依法维护权利与依法履行义务的素质、修养和能力，对于保证人们尊崇法治、遵守法律具有重要的意义。再多、再好的法律，必须转化为人们内心自觉才能真正为人们所遵行。良好的思想道德素质和法治素养，是在学习中升华、内省中完善、自律中养成、实践中锤炼的结果，同时也是大学生把握发展机遇、创造人生精彩的基础条件和宝贵资源。大学生应当通过理论学习和实践体验，牢固树立坚定的理想信念和正确的价值观念，陶冶高尚的道德情操，增强尊法、学法、守法、用法的自觉性，不断提高自身的思想道德素质和法治素养。

第一章 人生的青春之问

一、知识结构

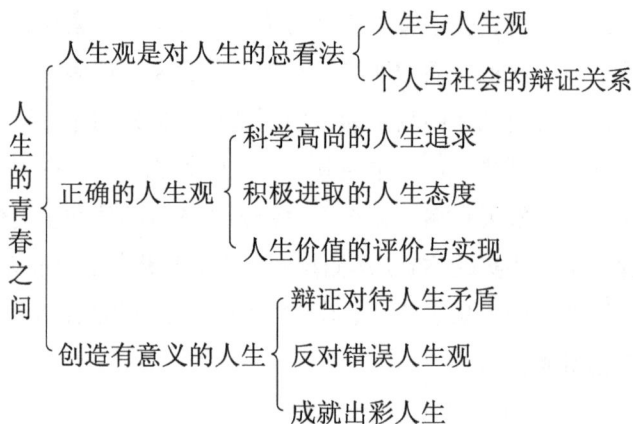

人生观是对人生的总看法
- 人生与人生观
- 个人与社会的辩证关系

正确的人生观
- 科学高尚的人生追求
- 积极进取的人生态度
- 人生价值的评价与实现

创造有意义的人生
- 辩证对待人生矛盾
- 反对错误人生观
- 成就出彩人生

(人生的青春之问)

二、基本概念

(1) 世界观：人们对生活在其中的世界以及人与世界的关系的总体看法和根本观点。

(2) 人生观：人们关于人生目的、人生态度、人生价值等问题的总观点和总看法。

(3) 人生目的：生活在一定历史条件下的人在人生实践中关于自身行为的根本指向和人生追求。

(4) 人生态度：人们通过生活实践形成的对人生问题的一种稳定的心理倾向和精神状态。

(5) 人生价值：人的生命及其实践活动对于社会和个人所具有的作用和意义。

三、关键问题

1. 人的本质是什么？

人对自身的认识，既是一个古老的问题，又是一个常新的问题。对人的认识，核心在于认识人的本质。在中外思想史上，许多思想家对此曾提出过自己的见解，但只有到了19世纪中叶，马克思和恩格斯创立了辩证唯物主义和历史唯物主义，并用它来观察人、分析人、认识人时，才在人类历史上第一次科学揭示了人的本质。马克思在扬弃黑格尔辩证法的合理内核和费尔巴哈的唯物主义的基础上，在《关于费尔巴哈的提纲》一文中明确指出："人的本质不是单个人所固有的抽象物，在其现实性上，它是一切社会关系的总和。"

社会属性是人的本质属性。人们正是在这种客观的、不断变化的社会关系中塑造自我，成为真正现实的、具有个性特征的人；正是在一定的社会历史条件下，在客观的不断变化的社会关系中实践人生，逐渐地感悟人生，才形成了相应的人生观。

2. 个人与社会的辩证关系是什么？

个人与社会的关系问题是认识和处理人生问题的重要着眼点和出发点。

个人与社会是对立统一的关系，两者相互依存、相互制约、相互促进。

个人与社会的关系，最根本的是个人利益与社会利益的关系。个人利益的满足只能在一定的社会条件下，通过一定的社会方式来实现。社会利益体现了作为社会成员的个人的根本利益和长远利益，是个人利益得以实现的前提、基础和保障。

大学生应把自己的人生追求同社会的发展进步紧密结合起来，在为社会作贡献的过程中成长进步，实现自己的人生价值。

3. 人生观的主要内容是什么？

人生观的主要内容包括人生目的、人生态度和人生价值。人生目的回答人为了什么活着，人生态度回答人应当如何活着，人生价值回答什么样的人生才有价值。这三个方面相互联系、相辅相成，统一为一个有机整体。

(1) 人生目的是指生活在一定历史条件下的人在人生实践中关于自身行为的根本指向和人生追求。人生目的是人生观的核心，它决定着人生道路、人生态度和人生价值的选择。

(2) 人生态度是指人们通过生活实践形成的对人生问题的一种稳定的心理倾向和精神状态。人生态度是人生观的重要内容。一个人有什么样的人生观，就会有什么样的人生态度。反过来，一个人对人生的态度如何，往往又制约着他对整个世界和人生的看法，从而对个人的世界观、人生观产生重要的影响。

(3) 人生价值是指人的生命及其实践活动对于社会和个人所具有的作用和意义。人生价值内在地包含了人生的自我价值和社会价值两个方面。人生的自我价值，是个体的人生活动对自己的生存和发展所具有的价值，主要表现为对自身物质和精神需要的满足程度。人生的社会价值，是个体的实践活动对社会、对他人所具有的价值。人生自我价值的实现是个体为社会创造更大价值的前提，人生社会价值的实现是个体自我完善、全面发展的保障。

人生目的、人生态度、人生价值三者之间具有辩证统一关系：人生目的决定着人们对待实际生活的基本态度和人生价值的评判标准，人生态度影响着人们对人生目的的持守和人生价值的评判，人生价值制约着人生目的和人生态度的选择。

4. 如何确立科学高尚的人生追求？

"服务人民、奉献社会"的思想以其科学而高尚的品质，代表了人类社会迄今为止最先进的人生追求。应使学生明确，要将自己的人生目的与国家前途、民族命运、人民幸福联系在一起，自觉自愿地把自己的一生奉献于利国利民的事业。

不论在革命战争年代，还是在和平建设时期，服务人民、奉献社会这一高尚的人生追求，熏陶、感染了一代又一代革命者和建设者，对中国革命、建设、改革事业产生了重要的推动作用。

大学生只有确立了服务人民、奉献社会的人生追求，才能清楚地把握人的生命历程和奋斗目标，深刻理解人为什么而活、应走什么样的人生之路；

才能以正确的人生态度对待人生、解决实际生活中的各种问题，始终对祖国和人民具有高度的责任感；才能懂得人生的价值首先在于奉献，努力使自己成为一个高尚的人。

5. 如何保持积极进取的人生态度？

(1) 人生须认真。要严肃思考人的生命应有的意义，明确生活目标和肩负的责任，既要清醒地看待生活，又要积极认真地面对生活。不能得过且过、放纵生活、游戏人生，否则就会虚掷光阴，甚至误入歧途。

(2) 人生当务实。要从人生的实际出发，以科学的态度看待人生，以务实的精神创造人生。不能好高骛远、空谈理想、眼高手低、浅尝辄止，否则就会脱离实际、一事无成。

(3) 人生应乐观。只有热爱生活的人，才能真正拥有生活。乐观豁达的态度是人们承受困难和挫折的心理基础。不能因为没有达到自己的期望值或者遇到困难和挫折，就消极悲观、畏难退缩，甚至颓废堕落、自暴自弃。

(4) 人生要进取。逆水行舟，不进则退。大学生要不断丰富人生的意义，在创新、创造中不断书写人生的新篇章。不能贪图安逸、满足现状、因循守旧、故步自封，否则人生就会失去应有的光彩。

6. 评价人生价值的标准与方法是什么？

人生价值的评价既有自我评价，也有社会评价。自我评价是一个人以自我价值目标为评价标准，对自身的是非功过所做的评价。由于受个人能力、素质以及现实生活中利害关系的影响，做出正确的自我评价是很困难的。社会评价是以社会利益和社会需要为标准，对一个人的是非功过所做的评价。社会评价能代表社会大多数成员的意见，因此评价的结果往往是客观、公正的。

(1) 衡量人生价值的标准：最重要的是看一个人是否用自己的劳动和聪明才智为国家和社会真诚奉献，为人民群众尽心尽力服务。

(2) 评价人生价值的方法：坚持能力有大小与贡献须尽力相统一，坚持物质贡献与精神贡献相统一，坚持完善自身与贡献社会相统一。

7. 大学生应如何辩证对待人生矛盾？

大学生应辩证对待人生矛盾，树立正确的幸福观、得失观、苦乐观、顺逆观、生死观、荣辱观，是人生观的具体应用，具有重大的现实指导意义。

(1) 树立正确的幸福观。什么是人生的真正幸福，追求什么样的幸福，通过什么样的方式获得幸福，是大学生应该认真思考的人生课题。幸福是一个总体性范畴，它意味着人总体上生活得美好。实现幸福离不开一定的物质条件，在追求物质生活水平提高的同时，要更加注重追求德性和人格的高尚，注重追求健康向上的精神生活。在追求幸福的过程中，我们不能把自己的幸福建立在损害社会整体和他人利益的基础上。

幸福是个人幸福与社会整体幸福和他人幸福的有机统一。幸福具有个体性，但决不意味着幸福是"个人的私事"。个人幸福与社会整体幸福和他人幸福互相联系、互相依存，一方面，社会整体幸福是个人幸福的基础，没有社会整体幸福，就没有个人幸福。幸福离不开一定的物质条件，物质需要的满足、物质生活的富足是幸福的重要方面，但精神需要的满足、精神生活的充实是幸福更重要的方面。幸福不仅包含着对物质生活和精神生活的享受，更重要的还在于通过劳动对物质生活和精神生活的创造。人应该把创造幸福和享受幸福结合起来，并把创造幸福作为前提，然后才谈得上享受幸福。

(2) 树立正确的得失观。得与失是人们最常遇到的一对矛盾，正确认识"得"与"失"，树立正确的"得失观"，对于人们特别是年轻人正确认识和处理利益问题，选择正确的人生道路，创造有价值的人生具有积极的意义。权衡得失，必有一个比较取舍的过程，孟子曾说："鱼，我所欲也；熊掌，亦我所欲也。二者不可得兼，舍鱼而取熊掌者也。"孟子之言，正应了"两害相权取其轻，两利相较取其重"之理。

不要拘泥于个人利益的得失，不要满足于一时的得，不要惧怕一时的失。如果失去成就了别人，那是成人之美，这对自己是精神意义上的获得。正因为有了这样的认识，社会上才有了善举、友情和见义勇为的壮举。正确认识得与失，做到不为私心所扰、不为名利所累、不为物欲所惑，应是每个人不容忽视的自我修炼。有了正确的得失观，人的心胸会更加豁达，人的心灵会更加美丽，人的境界也会更加高尚。整个社会在这种得失观的影响下，才会越来越和谐、越来越健康。

(3) 树立正确的苦乐观。苦与乐既对立又统一，在一定条件下可以相互转化。奋斗是艰辛的，真正的快乐只能由奋斗的艰苦转化而来。应使学生明确，在自身成长过程中，准确把握苦与乐的辩证关系，努力做迎难而上、艰苦奋斗的开拓者。

(4) 树立正确的顺逆观。顺水行舟，更容易接近和实现目标，但是又容易使人滋生骄、娇二气，自我满足，意志衰退。逆水行舟，可以磨炼意志、陶冶品格、积累战胜困难的经验、丰富人生阅历。只有善于利用顺境，顺势而快上，勇于正视逆境和战胜逆境，处低谷而力争，才能够实现人生价值。

(5) 树立正确的生死观。如何认识、对待生与死，体现了一个人人生境界的高低，更直接影响着他的实际生活。应使学生牢固树立生命可贵的意识，倍加爱护自己和他人的生命，理性面对生老病死的自然规律，珍惜韶华，在服务人民、投身民族复兴伟大事业中开发出生命所蕴藏的巨大潜能，努力给有限的个体生命赋予更有价值的意义。

(6) 树立正确的荣辱观。荣辱观对个人的思想行为具有鲜明的推动、导向和调节作用。大学生应具备正确的荣辱观，明确是非、对错、善恶、美丑的界限，坚持以热爱祖国为荣、以危害祖国为耻，以服务人民为荣、以背离人民为耻，以崇尚科学为荣、以愚昧无知为耻，以辛勤劳动为荣、以好逸恶劳为耻，以团结互助为荣、以损人利己为耻，以诚实守信为荣、以见利忘义为耻，以遵纪守法为荣、以违法乱纪为耻，以艰苦奋斗为荣、以骄奢淫逸为耻。

8. 如何反对错误的人生观？

通过思考、分析，认清拜金主义、享乐主义和极端个人主义等错误思想观念的实质，使大学生警惕和自觉抵制它们的侵蚀，选择并追求高尚的人生目的，在服务人民、奉献社会的人生实践中完善自我，创造人生的美好价值。

(1) 反对拜金主义。拜金主义是引发自私自利、钱权交易、行贿受贿、贪赃枉法等丑恶现象的重要思想根源。应使学生明确，人应当是金钱的主人，而不是金钱的奴隶；应当依靠自己的劳动创造财富，合理合法地获取金钱。生活中还有许多远比金钱更有意义的东西值得我们去追寻。

(2) 反对享乐主义。享乐主义的错误观念和行为，不仅危害大学生的健康成长，而且败坏社会风气。应使学生明确，健康有益的、适度的物质生活和文化生活，是人的正当需要，也有利于促进经济社会的发展。在日常生活中应树立正确的消费观。

(3) 反对极端个人主义。极端个人主义突出强调以个人为中心，在个人与他人、个人与社会的关系上表现为极端利己主义和狭隘功利主义。应使学生明确其危害，旗帜鲜明地予以反对。

9. 实现人生价值的条件是什么？

(1) 实现人生价值要从社会客观条件出发。应使学生懂得珍惜当今中国社会难得的历史机遇，努力实现自己的人生价值。

(2) 实现人生价值要从个体自身条件出发。大学生自身社会经验偏少，知识储备不够，容易通过主观的想象认知自身的条件。应使学生明确，在自身成长、成才的过程中应不断完善知识结构，丰富社会实践，坚持实事求是的原则，客观认识自己，准确把握影响人生价值实现的自身条件。

(3) 不断增强实现人生价值的能力和本领。虽然人在实现人生价值的过程中不可避免地要受到客观条件的制约，但个人的主观努力在相当大的程度上也决定着人生价值实现的程度。应使学生明确，自身应注重全面提高综合素质和能力，努力创造实现人生价值的良好条件。

10. 成就出彩人生的途径是什么？

应使学生明确新时代赋予他们的历史责任，努力实现在服务人民、奉献社会的实践中与历史同向、与祖国同行、与人民同在，创造有意义的人生。

(1) 与历史同向。应使学生正确认识世界和中国发展的大势，准确把握中国发展的重要战略机遇期，提升民族自信心，增强时代责任感，与历史同步伐，与时代共命运。

(2) 与祖国同行。通过回溯历史，学生应明确，只有自觉将人生目标同国家和民族的前途命运紧紧联系在一起，才能最大程度地实现人生价值。要正确认识国家和民族赋予自身的历史责任和使命，自觉与国家和民族共奋进、同发展。

(3) 与人民同在。应使学生明确，只有走与人民群众相结合的道路，向人民群众学习，从人民群众中汲取营养，做中国最广大人民根本利益的维护者，才能使自己的人生大有作为。

第二章　坚定理想信念

一、知识结构

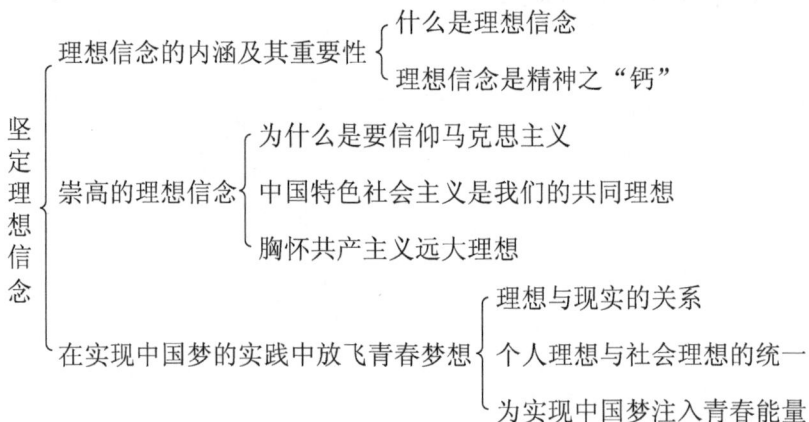

坚定理想信念
- 理想信念的内涵及其重要性
  - 什么是理想信念
  - 理想信念是精神之"钙"
- 崇高的理想信念
  - 为什么是要信仰马克思主义
  - 中国特色社会主义是我们的共同理想
  - 胸怀共产主义远大理想
- 在实现中国梦的实践中放飞青春梦想
  - 理想与现实的关系
  - 个人理想与社会理想的统一
  - 为实现中国梦注入青春能量

二、基本概念

(1) 理想：人们在实践中形成的、有实现可能性的、对未来社会和自身发展目标的向往与追求，是人们的世界观、人生观和价值观在奋斗目标上的集中体现。

(2) 信念：人们在一定的认识基础上确立的对某种思想或事物坚信不疑并身体力行的精神状态。

(3) 共同理想：中国特色社会主义是我们的共同理想。中国共产党和国家领导人把建设中国特色社会主义作为共同理想，其提出是基于我国社会主义初级阶段的国情，体现了个人利益、集体利益和国家利益的统一，集中了我国工人、农民、知识分子和其他劳动者和爱国者的利益和愿望，有着广泛的群众基础，是现阶段全国人民的奋斗目标和精神动力。

三、关 键 问 题

1. 人为什么要有理想？

"人为什么要有理想"是理解理想的内涵和确立科学理想的认识前提。有些学生认为，"当一天和尚撞一天钟"很快乐，因此崇尚这样一些流行语："我平庸，我快乐""追求为痛苦之源，平庸为快乐之本""人的期望越高，压力越大，给自我预留的生活空间就会越来越小，从而造成适得其反的效果"。针对大学生的这些错误认知，我们应该让大学生认识到：人不仅是生物意义上的存在，还是文明意义、社会意义和历史意义上的存在。作为文明的、社会的、历史的存在的人，并不是天生而为人的，而是通过社会文明的教育、熏陶，逐渐在思想中形成关于"人应当怎样生活""人与人的关系应当怎样"的认识，并将这种认识同自己联系起来，认识到自己作为一个人应当怎样去生活、怎样在生活中待人接物，从而逐渐将那些外在于自己的、构成人类文明的传统、道德、习俗、规范、制度等，一步步转变为自己的自觉需要——作为文明的、社会的、历史的"人"的需要，使自己成为一个自觉的、行为不再像动物那样只为自然本能所支配的人。这个过程是每个青年人都应当完成的精神发育的社会化过程。理想是人们从自然人转变为文明的、社会的、历史的人的精神发展过程中的一个重要标志。将理想置于这个从自然人转变为社会人的精神发展过程中来理解，可以看出，人之所以会产生理想，在于：第一，人所特有的社会性本质。这种本质不是天赋的，而是后天获得的，只有转化为某种直接主导人们生活的主观观念，才能支配人的现实生活，即观念决定人的命运。第二，人的这种主观观念的核心，是有关"人"的明确认识。第三，人们正是以这种有关"人"的自觉认识为标准来衡量自己的现实生活，从而产生否定现实状况的认识，形成"人应当怎样生活""好社会应当怎样"的个人理想和社会理想。

2. 如何理解理想信念是精神之"钙"？

习近平总书记在十八届中共中央政治局第一次集体学习时的讲话中指出："理想信念就是共产党人精神上的'钙'，没有理想信念，或者理想信念不坚定，精神上就会'缺钙'，就会得'软骨病'。"

(1) 理想信念昭示奋斗目标。人生是一个在实践中奋斗的过程，要使生命富有意义，就必须在科学的理想信念指引下，沿着正确的人生道路前进。理想信念是人的思想和行为的定向器，一旦确立就可以使人方向明确、精神振奋，即使前进的道路曲折、人生的境遇复杂，也能看到希望和曙光，永不迷失前进的方向。只有理想信念坚定的人，才能始终不渝、百折不挠，不论风吹雨打，不怕千难万险，坚定不移为实现既定目标而奋斗。只有树立起崇高的理想信念，才能解答好人生的意义、奋斗的价值以及做什么样的人等重要的人生课题。

(2) 理想信念可以提供前进动力。志向高远，便力量无穷。一个人有了崇高坚定的理想信念，才会以惊人的毅力和不懈的努力成就事业。与此相反，一个人如果没有崇高坚定的理想信念，就有可能浑浑噩噩、庸庸碌碌、虚度一生，甚至腐化堕落、走上邪路。大学时期确立的理想信念，对今后的人生之路将产生重大影响，甚至会影响终生。大学生人生目标的确立、生活态度的形成、知识才能的丰富、发展方向的设定、工作岗位的选择，以及如何择友、如何面对挫折、如何克服困难等问题的解决，都需要一个总的原则和目标，都离不开理想信念的指引和激励。大学生应当重视理想信念的选择和确立，努力树立科学崇高的理想信念，使人生道路越走越宽广，使宝贵的人生富有价值。

(3) 理想信念可以提高精神境界。理想信念是衡量一个人精神境界的重要标尺。理想信念作为人的精神世界的核心，一方面能使人的精神生活的各个方面统一起来，使人的精神世界成为一个健康有序的系统，避免精神空虚和迷茫；另一方面又能引导人们不断追求更高的人生目标，并在追求和实现理想目标的过程中提升精神境界、塑造高尚人格。在追求理想和实现理想的过程中，人们要不断面对各种挑战、抵御各种诱惑、突破各种局限、克服各种困难。这个过程是人的精神世界从狭隘走向高远、从空虚走向充实、从犹豫走向执着的过程，也是一个人沿着自我成长和完善的阶梯不断攀登、逐步提升精神境界的过程。

3. 如何坚定马克思主义信仰？

诞生于 19 世纪中叶的马克思主义，其真理的光芒穿越一百多年的风烟云雾，显得更加灿烂辉煌。马克思主义深刻揭示了自然界、人类社会和思维发展的普遍规律，是迄今为止最科学、最严密、最有生命力的理论体系，是人类文明史上的思想高峰。马克思主义学说推动了世界社会主义运动风起云涌，是对现实世界影响最广泛、最深刻的学说。

(1) 马克思主义是迄今为止最科学、最严密、最有生命力的理论体系。列宁指出："马克思主义学说具有无限力量，就是因为它正确。"马克思主义是在批判地吸收前人优秀思想成果、总结人类历史经验的基础上创立的科学理论，是人类文明成果的集大成，它深刻揭示了自然界、人类社会和思维发展的普遍规律。

(2) 马克思主义代表了最广大劳动群众的根本利益。马克思、恩格斯都出身于资产阶级家庭，但他们反对少数人的统治，反对人剥削人的制度。马克思、恩格斯在《共产党宣言》中指出："过去的一切运动都是少数人的或者为少数人谋利益的运动。无产阶级的运动是绝大多数人的、为绝大多数人谋利益的独立的运动。"中国正是在马克思主义指导下建立起社会主义制度，人民群众才真正掌握了自己的命运，成为国家和社会的主人。

(3) 马克思主义为我们提供了认识世界和改造世界的科学方法。马克思主义具有鲜明的实践品格，它不满足于"解释世界"，而致力于"改变世界"。列宁曾说过，马克思"把伟大的认识工具给了人类，特别是给了工人阶级"。这个伟大的认识工具，就是辩证唯物主义和历史唯物主义。辩证唯物主义和历史唯物主义深刻揭示了事物的本质、内在联系及发展规律，为人类把握事物发展规律、解决实际问题提供了科学指南。正是因为有了辩证唯物主义和历史唯物主义，我们才能深刻认识世界的本质、理解人与外部世界的关系，才能洞察人类社会发展规律、把握历史发展大势。

(4) 马克思主义科学预测了未来社会的理想状态，指明了人类社会的发展方向。从人类诞生之日起，特别是进入阶级社会以后，就在苦苦探寻理想的社会状态。马克思、恩格斯在批判旧世界的基础上，对未来社会作了科学设想，揭示了人类走向共产主义的历史必然性。这种没有剥削、没有压迫、人人平等的社会制度，理所当然地成为人类梦寐以求的最美好的社会理想。中国共产党和中国人民之所以选择马克思主义，很重要的原因就是他们描绘的社会理想符合人类社会发展进步方向，与中国传统文化高度契合。两千多年前，我国古代儒家经典《礼记》中就有对理想的大同社会的描述，如"老有所终，壮有所用，幼有所长，鳏寡孤独废疾者皆有所养"等。正是因为我国大同社会的理想与马克思主义所设想的共产主义有某种意义上的共通之处，才使马克思主义在中国获得了广泛的文化认同和心理认同。

4. 中国特色社会主义共同理想的特征是什么？

中国特色社会主义共同理想是个人理想与社会理想的统一，是阶段性与长远性的统一，代表和反映了中国社会最广大人民群众的根本利益。

(1) 中国特色社会主义共同理想是一种社会理想，是一种关于中国社会发展状态的理想。它对于个人理想具有整合作用，是若干个人理想的寄托和发育之所。当代中国人对自身生活和发展的若干期望和设想，事实上是以中国经济社会的持续发展为背景的，所以个人理想能否正确定位、能否实现，离不开对中国特色社会主义这一社会理想的把握。

(2) 我们对共产主义远大理想的追求是一个漫长的过程。在这个过程中，有若干个阶段性理想。与远大理想相比，阶段性的理想更为具体，因而它可以成为一定历史时期人们所普遍追求的比较贴近的理想目标。夺取新时代中国特色社会主义伟大胜利，把我国建成富强、民主、文明、和谐、美丽的社会主义现代化强国，实现中华民族伟大复兴，是新时代全国各族人民的共同理想。习近平总书记指出："经过长期努力，中国特色社会主义进入了新时代，这是我国发展新的历史方位。坚持和发展中国特色社会主义，总任务是实现社会主义现代化和中华民族伟大复兴，在全面建成小康社会的基础上，分两步走，在本世纪中叶建成富强、民主、文明、和谐、美丽的社会主义现代化强国。当然，中国特色社会主义事业是一个长期的过程，它并不是到本世纪中叶就结束。在我们达到这一理想目标之后，我们的中国特色社会主义道路还将继续向前延伸，中国特色社会主义事业还将进一步向前推进，我国社会将进入新的发展阶段。到那时,中国特色社会主义共同理想还会增添新的内容。"

(3) 在社会生活中往往会出现不同的理想,但并不是所有的理想都能成为共同理想。有的理想只代表了少数人或个别人的利益和愿望,它只能成为个别或少数人的追求目标。中国特色社会主义理想之所以能成为共同理想,就是因为它代表和反映了中国社会广大人民群众的根本利益,为广大人民群众所认同和接受。中国特色社会主义共同理想,是全党和全国各族人民的夙愿与共同追求。

5. 如何正确认识理想与现实的关系?

在大学生中有这样的顺口溜:"理想是美好的,现实是残酷的""理想很丰满,现实很骨感",也就是说,人们在确立和追求理想的过程中,会感受到理想与现实的矛盾,从而引起思想上的困惑和情绪上的波动。因此,正确看待理想与现实的关系是十分重要的。

(1) 理想与现实是相互矛盾的。第一,理想与现实有对立性。理想不等于现实,现实也不等于理想。理想所需要的对象不是在现实中存在的,它是人们所要争取的未来对象,与当前的现实对象相对立。一般来说,人生理想与现实的矛盾,主要表现为社会理想与社会现实的矛盾、道德理想与现实道德水平的矛盾、职业理想与社会需要的矛盾、生活理想与现实经济条件的矛盾。第二,理想与现实存在着差异。一方面,理想是真、善、美的集中体现,而现实中既存在着真、善、美的东西,也存在着假、恶、丑的现象;另一方面,理想在本质上是对眼前客观现实的不满足,从而谋求改变,是不以人的意志为转移而"走着自己的路"。第三,现实属于今天,理想属于明天。理想要成为现实,不但要符合客观现实的发展趋势和可能性,还必须依靠人们的实践活动。第四,理想与现实有区别性。理想源于现实又高于现实。如果理想就是现实,则反映不出理想与现实的矛盾,也反映不出理想对现实的超越,这样理想就失去了存在的根据和必要,无法成为人生追求的目标和前进的方向;反之,如果现实就是理想,人们就没有了奋斗目标。理想是"应然"的,现实是"实然"的。

(2) 理想与现实是相互统一的。理想与现实的统一体现在理想是在对现实认识的基础上发展起来的。理想受现实的规定和制约，不能脱离现实而幻想未来。现实是理想的基础和摇篮，理想是未来的现实。一方面现实中包含着理想的因素，孕育着理想的发展，在一定条件下，现实必定要转化为理想；另一方面，理想中也包含着现实，是现实的升华，既包含着现实中必然发展的因素，又包含着由理想转化为现实的条件，在一定的条件下，理想可以转化成为未来的现实。脱离现实而谈理想，理想就会成为空想。要把理想变为现实，最根本的途径是靠实践。树立理想、检验理想、完善理想、实现理想都是在实践中进行的。

6. 社会理想与个人理想的关系是什么？

社会理想与个人理想既相互区别，又相互联系、相互影响、相互制约。

个人理想与社会理想的关系主要体现在：一方面，个人理想与社会理想相互联系、相互统一。个人理想只有植根于现实社会的土壤中，才有可能实现；而社会理想只有建立在真正体现绝大多数个人的共同利益、共同目标的基础上才有生命力。另一方面，个人理想与社会理想是相互区别、相互制约的，各有其自身的规定性。因此在处理个人理想与社会理想的关系上，应把握好以下几点：

（1）防止只讲社会理想不讲个人理想，或者把个人理想和个人主义混为一谈。从个人理想的层次可以看出，高层次的个人理想与社会理想是一致的，对这种个人理想不仅不应当反对，还要加以提倡。现实生活中也有境界不高的个人理想，诸如过分追求个人利益、不顾社会整体利益等。对此，如果能以实事求是的态度加以正确引导，其觉悟是可以提高的，其理想也是可以不断升华的。反之，只讲社会理想，不讲个人理想，其结果只能导致人们"理想危机"感的产生。

（2）防止只讲个人理想不讲社会理想。有的人在确立个人理想时脱离客观实际，凭着自己的主观愿望去进行"自我设计"。这种无视客观条件的"个人理想"，其性质是个人主义的，其结果是处处碰壁、无法实现理想。只有把自己的主观愿望与客观实际的可能性结合起来并瞄准社会理想这个大目标，自觉地调整个人理想，使个人理想顺应社会发展的正确潮流，才能在实现个人理想的过程中排除各种不良因素的干扰和腐蚀，在工作和学习条件、生活环境等不尽如人意时避免消极埋怨和抵触情绪，真正做到个人理想与社会理想的有机统一。

(3) 防止只讲理想职业不讲社会需要。理想从来不是个人想干什么就干什么。尽管社会主义社会已经为确立和实现个人的职业理想提供了良好的条件，但受社会生产力发展程度等条件的制约，社会分工的需要往往还不能使人人都如愿以偿。因此人们在选择职业时，既要力求符合自己的特定条件和专长，又不能忽视个人对社会应负的责任。当个人的职业理想与社会需要发生矛盾时，应以社会需要为重，及时调整和完善自己的职业理想，以保证职业理想的客观可行性。

7. 中国梦与大学生成长、成才的关系是什么？

大学生肩负实现中华民族伟大复兴中国梦的历史重任，只有把实现理想的道路建立在脚踏实地的奋斗上，才能放飞青春梦想，实现人生理想。实现中国梦是广大青少年成长成才的必由之路。

(1) 中国梦为大学生成长成才确立理想信念。当代大学生人生理想信念的确立需要中国梦的指引。中国梦是全国各族人民的共同理想，也是青年一代应该牢固树立的远大理想。中国梦有利于大学生坚定理想信念，在复杂的社会生活中不为利益所困、不为乱象所迷、不为迷惘所陷，把个人命运与国家命运紧紧相连，把个人理想与人民追求紧紧相连，把个人梦想与中国梦想紧紧相连，自觉为实现中华民族伟大复兴的中国梦而不懈奋斗。

(2) 中国梦为大学生成长、成才提供精神动力。当代大学生成长、成才需要中国梦为其提供不竭的精神动力。中国梦是国家的梦、民族的梦，也是包括广大青年在内的每个中国人的梦。"得其大者可以兼其小。"只有把人生理想融入国家和民族的事业中，才能最终成就一番事业。

(3) 中国梦为大学生成长、成才指明奋斗方向。大学生是实现中国梦的"顶梁柱"，只有明确奋斗的方向，才能在实现中国梦的征程中有所作为。正如习近平所说："历史和现实都告诉我们，青年一代有理想、有担当，国家就有前途，民族就有希望，实现我们的发展目标就有源源不断的强大力量。"实现民族伟大复兴的中国梦能够激发当代大学生强化忧患意识和成才意识，向当代大学生发出召唤，使之为中国梦的实现贡献更大的力量。

第三章 弘扬中国精神

一、知识结构

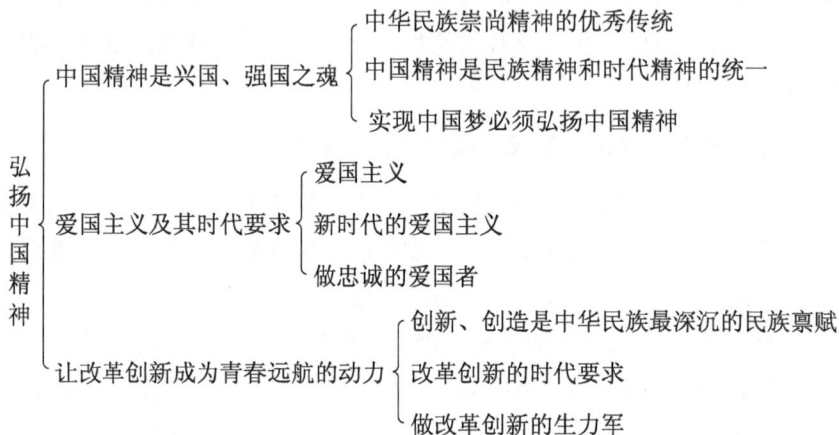

弘扬中国精神
- 中国精神是兴国、强国之魂
  - 中华民族崇尚精神的优秀传统
  - 中国精神是民族精神和时代精神的统一
  - 实现中国梦必须弘扬中国精神
- 爱国主义及其时代要求
  - 爱国主义
  - 新时代的爱国主义
  - 做忠诚的爱国者
- 让改革创新成为青春远航的动力
  - 创新、创造是中华民族最深沉的民族禀赋
  - 改革创新的时代要求
  - 做改革创新的生力军

二、基本概念

(1) 中国精神:以爱国主义为核心的民族精神和以改革创新为核心的时代精神。中国精神作为兴国强国之魂,是实现中华民族伟大复兴不可或缺的精神支撑和精神动力。

(2) 民族精神:一个民族在长期共同生活和社会实践中形成的,为本民族大多数成员所认同的价值取向、思维方式、道德规范、精神气质的总和,是一个民族赖以生存和发展的精神支柱。

(3) 时代精神:一个国家和民族在新的历史条件下形成和发展的,是体现民族特质并顺应时代潮流的思想观念、价值取向、精神风貌和社会风尚的总和,是一种对社会发展具有积极影响和推动作用的集体意识。时代精神反映社会进步的发展方向，引领时代的进步潮流，是社会的主旋律和时代的最强音。

(4) 爱国主义：体现了人们对自己祖国的深厚感情，揭示了个人对祖国的依存关系，是人们对自己家园以及民族和文化的归属感、认同感、尊严感与荣誉感的统一。爱国主义是调节个人与祖国之间关系的道德要求、政治原则和法律规范，也是民族精神的核心，包括爱祖国的大好河山、爱自己的骨肉同胞、爱祖国的灿烂文化、爱自己的国家。

三、关键问题

1. 中国精神的传承价值是什么？

实现中华民族伟大复兴的中国梦，必须弘扬中国精神。

重精神是中华民族的优秀传统。中华民族在五千多年的历史进程中，塑造出独特的精神气质和精神品格，形成了崇尚精神的优秀传统，这是中华民族重要的精神标识。中华民族崇尚精神的优秀传统，首先表现在对物质生活与精神生活相互关系的独到理解上，也表现在中国古人对理想的不懈追求上，亦表现在对道德修养和道德教化的重视上，还表现在对理想人格的推崇上。

民族精神和时代精神共同构成了我们当今时代的中国精神。民族精神赋予中国精神以民族特征，是中华民族的精神独立性得以保持的重要保证；时代精神赋予中国精神以时代内涵，是中国精神引领时代前行、拥有鲜明时代性和强大生命力的重要根源。民族精神和时代精神的交融汇通，使得中国精神既具有鲜明的民族性，又洋溢着强烈的时代性，成为中华民族共有的精神家园、奋力实现复兴的强大精神力量。

中国精神是兴国、强国之魂，是实现中华民族伟大复兴不可或缺的精神支撑和精神动力。中国精神是凝聚中国力量的精神纽带，是激发创新、创造的动力，是推进复兴伟业的精神定力。实现中国梦，必须弘扬中国精神，以高扬的精神旗帜为指引，以强大的精神支柱为支撑，团结凝聚全体人民的智慧和力量，为实现中国梦为奋斗。

2. 民族精神的主要内容是什么？

中国人民在长期奋斗中培育继承、发展起来的民族精神是以爱国主义为核心，包括伟大创造精神、伟大奋斗精神、伟大团结精神和伟大梦想精神。它为中国发展和人类文明进步提供了强大精神动力，是坚定中国特色道路自信、理论自信、制度自信、文化自信的底气，是中国民族风雨无阻、高歌前行的根本力量。

3. 以改革创新为核心的时代精神的重要意义是什么？

时代精神反映社会进步的发展方向，引领时代的进步潮流，是社会的主旋律和时代的最强音。改革创新精神是时代精神的核心，贯穿于改革开放的全部实践，体现在时代精神的各个方面。改革是破除社会发展障碍、激发社会发展活力的引擎，创新则是民族进步的灵魂、国家兴旺发达的动力。改革创新精神是对中华民族革故鼎新优良传统的继承和弘扬，也是当代中国改革开放伟大实践中体现出来的精神品格和精神特征。以改革创新为核心的时代精神，是当代中国人民精神风貌的集中写照，是激发社会创造活力的强大力量。

4. 爱国主义的基本内涵是什么？

爱国主义体现了人们对自己祖国的深厚感情，揭示了个人对祖国的依存关系，是人们对自己家园以及民族和文化的归属感、认同感、尊严感与荣誉感的统一。爱国主义是调节个人与祖国之间关系的道德要求、政治原则和法律规范，也是民族精神的核心。

爱国主义包括爱祖国的大好河山、爱自己的骨肉同胞、爱祖国的灿烂文化、爱自己的国家。祖国的大好河山，不只是自然风光，还是主权、财富、民族发展和进步的基本载体；爱自己的骨肉同胞就是爱人民群众，最主要的是培养对人民群众的深厚感情，坚持以人民为中心的立场，始终紧紧地同人民群众站在一起；爱祖国的灿烂文化，是要认真学习和真正了解祖国的历史，在充分理解和尊重的基础上，积极推动祖国优良历史文化传统的传承与发展；爱自己的国家，拥护国家的基本制度，遵守国家的宪法、法律，维护国家的安全和统一，捍卫国家利益，为国家繁荣发展贡献自己的力量。

5. 新时代爱国主义的基本要求是什么？

新时代的爱国主义，既承接了中华民族的爱国主义优良传统，又体现了鲜明的时代特征。弘扬新时代的爱国主义，必须团结全体社会主义劳动者、社会主义事业的建设者、拥护社会主义的爱国者、拥护祖国统一和致力于中华民族伟大复兴的爱国者。

(1) 坚持爱国主义和社会主义相统一。祖国的命运和党的命运、社会主义的命运是密不可分的。只有坚持爱国和爱党、爱社会主义相统一，爱国主义才是鲜活的、真实的，这是当代中国爱国主义精神最重要的体现。

(2) 维护祖国统一和民族团结。在新的时代条件下，弘扬爱国主义精神，必须把维护祖国统一、民族团结作为重要着力点和落脚点。维护和推进祖国统一，是中华民族走向伟大复兴的题中要义。

(3) 尊重和传承中华民族历史和文化。中华优秀传统文化是中华民族的精神命脉，是中华民族得以延续的文化基因。

(4) 必须坚持立足民族又面向世界。弘扬新时代的爱国主义，必须坚持立足民族，维护国家发展主体性，也必须面向世界，构建人类命运共同体。

6. 大学生如何做一名忠诚的爱国者？

爱国既需要情感的基础，也需要理性的认识，更需要实际的行动。只有把国家的安全、荣誉和利益放在高于一切的地位，始终做到爱国的深厚情感、理性认识和实际行动相一致，与祖国同呼吸、共命运，才是真正的爱国者。

(1) 维护和推进祖国统一。坚持一个中国原则；推进两岸交流合作；促进两岸同胞团结奋斗；反对"台独"分裂图谋。

(2) 促进民族团结。要牢固树立正确的祖国观、民族观、增强对伟大祖国的认同、对中华民族的认同、对中华文化的认同、对中国特色社会主义道路的认同。要铸牢中华民族共同体的意识，加强各民族的交往、交流、交通，认清"藏独"和"疆独"等各种分裂主义势力的险恶用心和反动本质。

(3) 增强国家安全意识。确立总体国家安全观；增强国防意识；履行维护国家安全的义务。

7. 为什么说改革创新是时代要求？

在当代中国，社会发展离不开改革创新，改革创新是社会发展的重要动力，坚持改革创新是新时代的迫切要求。

创新始终是推动人类社会发展的第一动力。从某种意义上说，创新决定着世界政治、经济力量对比的变化，也决定着各国、各民族的前途和命运。

创新能力是当今国际竞争新优势的集中体现。"在激烈的国际竞争中，唯创新者进，唯创新者强，唯创新者新。"国际竞争的新优势越来越集中体现在创新能力上。

改革创新是我国赢得未来的必然要求。

8. 大学生如何做改革创新的生力军？

新时代的大学生置身于实现中华民族伟大复兴的时代洪流中，应当以时代使命为己任，把握时代脉搏，迎接时代挑战，增强创新、创造的能力和本领，勇做改革创新的实践者，将弘扬改革创新精神贯穿于实践、体现在行动中。

(1) 树立改革创新的自觉意识。增强改革创新的责任感，树立敢于突破陈规的意识，树立大胆探索未知领域的信心。

(2) 增强改革创新的能力本领。夯实创新基础，培养创新思维，投身创新实践。

青年身上蕴藏着巨大的创造能量和活力。大学生应当珍惜人生中最具创新、创造活力的宝贵时期，在创新、创造中不断积累经验、取得成果、演绎精彩。

第四章　践行社会主义核心价值观

一、知识结构

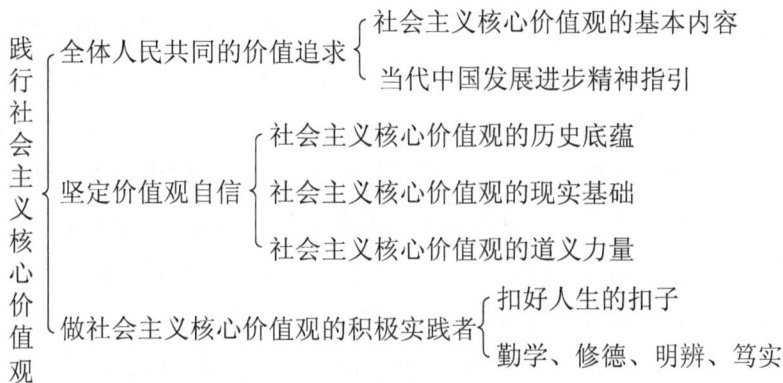

二、基本概念

(1) 价值观：价值观念的简称。具体来说，价值观是人们关于某类事物的价值的基本看法和总的观念，表现为人们对该类事物相对稳定的信念，是人们对该类事物的价值取舍模式和指导主体行为的价值追求模式。从宏观角度来说，价值观代表着社会对应该提倡什么、反对什么的规范性判断；从微观角度来讲，价值观是人心中深层的信念系统，在人们的价值活动中发挥着行为导向、情感激发和评价标准的作用，是构成个人人生观的重要内容。

(2) 核心价值观：居于价值观体系核心地位，统率和支配其他从属价值观的价值观，它是一种社会制度长期普遍遵循的基本价值原则，是一种文化区别于另一种文化的基本价值观念。

三、关键问题

1. 社会主义核心价值观与社会主义核心价值体系的关系是什么？

社会主义核心价值观和社会主义核心价值体系互为依存、相辅相成。社会主义核心价值体系主要包括马克思主义指导思想、中国特色社会主义共同理想、以爱国主义为核心的民族精神和以改革创新为核心的时代精神、社会主义荣辱观。社会主义核心价值观是社会主义核心价值体系的精神内核，它体现了社会主义核心价值体系的根本性质和基本特征，反映了社会主义核心价值体系的丰富内涵和实践要求，是社会主义核心价值体系的高度凝练和集中表达。同时，社会主义核心价值观与社会主义核心价值体系具有内在的一致性，都体现了社会主义意识形态的本质要求，体现了社会主义制度在思想和精神层面的质的规定性，是建设中国特色社会主义现代化强国、实现中华民族伟大复兴中国梦的价值引领。推进社会主义核心价值观与社会主义核心价值体系建设，就是要弘扬共同理想、凝聚精神力量、引领道德风尚，形成全民族奋发向上、团结和睦的精神纽带，使我们的国家、民族、人民在思想上和精神上强起来，更好地坚持中国道路、弘扬中国精神、凝聚中国力量。

2. 社会主义核心价值观的基本内容是什么？

核心价值观是一定社会形态社会性质的集中体现，在一个社会的思想观念体系中处于主导地位，体现着社会制度、社会运行的基本原则和社会发展的基本方向。党的十八大提出，要倡导富强、民主、文明、和谐，倡导自由、平等、公正、法治，倡导爱国、敬业、诚信、友善，积极培育和践行社会主义核心价值观。这与中国特色社会主义发展要求相契合，与中华优秀传统文化和人类文明优秀成果相承接，是中国共产党凝聚全党、全社会价值共识作出的重要论断。

社会主义核心价值观把涉及国家、社会、公民的价值要求融为一体，体现了社会主义本质要求，继承了中华优秀传统文化，吸收了世界文明有益成果，体现了时代精神，是对我们要建设什么样的国家、建设什么样的社会、培育什么样的公民等重大问题的深刻解答。

(1) 富强、民主、文明、和谐。坚持和发展中国特色社会主义，实现中华民族伟大复兴的中国梦，凝结着中华民族和中国人民对富强、民主、文明、和谐的价值追求。这一价值追求回答了我们要建设什么样的国家的重大问题，揭示了当代中国在经济发展、政治文明、文化繁荣、社会进步等方面的价值目标，从国家层面标注了社会主义核心价值观的时代刻度。

(2) 自由、平等、公正、法治。自由、平等、公正、法治反映了人们对美好社会的期望和憧憬，是衡量现代社会是否充满活力又和谐有序的重要标志。这一价值追求回答了我们要建设什么样的社会的重大问题，与实现国家治理体系和治理能力现代化的要求相契合，揭示了社会主义社会发展的价值取向。

(3) 爱国、敬业、诚信、友善。爱国才能承担时代赋予的使命，敬业才能创造更大的人生价值，诚信才能赢得良好的发展环境，友善才能形成和谐的人际关系。爱国、敬业、诚信、友善，这一价值追求回答了我们要培育什么样的公民的重大问题，涵盖了社会公德、职业道德、家庭美德、个人品德等各个方面，是每一个公民都应当遵守的道德规范。有了这样的价值追求，人们才能更好地处理个人与国家、社会、他人的关系，不断提升自己的人生境界。

3. 社会主义核心价值观的当代价值是什么？

社会主义核心价值观，是有效整合我国社会意识、凝聚社会价值共识、解决和化解社会矛盾、聚合磅礴之力的重大举措，是保证我国经济社会沿着正确的方向发展、实现中华民族伟大复兴的价值支撑，意义重大而深远。

(1) 坚持和发展中国特色社会主义的价值遵循。中国特色社会主义是全面发展、全面进步的社会主义。它既需要不断完善经济、政治、文化、社会和生态文明等各方面的制度，也需要不断探索社会主义在精神和价值层面的本质规定性；既需要为人们描绘未来社会物质生活方面的目标，也需要为人们指出未来社会精神价值的归宿。在全社会大力弘扬社会主义核心价值观，明确中国特色社会主义事业到底追求什么、反对什么，要朝着什么方向走、不能朝什么方向走，坚守我们的价值观立场，坚定中国特色社会主义的道路自信、理论自信、制度自信和文化自信，为社会的有序运行、良性发展提供明确价值准则，保证中国特色社会主义事业始终沿着正确方向前进，是中国特色社会主义的铸魂工程。

(2) 提高国家文化软实力的迫切要求。"核心价值观是文化软实力的灵魂、文化软实力建设的重点。这是决定文化性质和方向的最深层次要素。"当今世界，文化越来越成为综合国力竞争的重要因素，成为经济社会发展的重要支撑，文化软实力越来越成为争夺发展制高点、道义制高点的关键所在。文化的力量，归根到底来自于凝结其中的核心价值观的影响力和感召力；文化软实力的竞争，本质上是不同文化所代表的核心价值观的竞争。现在，越来越多的国家把提升文化软实力确立为国家战略，价值观之争日趋激烈。培育和践行社会主义核心价值观，用最简洁的语言介绍和说明中国，有利于增进国际社会对中国的理解，扩大中华文化影响力，展示社会主义中国的良好形象；有利于增强社会主义意识形态的竞争力，掌握话语权，赢得主动权，逐步打破西方的话语垄断、舆论垄断，维护国家文化利益和意识形态安全，不断提高我们国家的文化软实力。

(3) 增进社会团结和谐的最大公约数。历史和现实一再表明，只有建立共同的价值目标，一个国家和民族才会有赖以维系的精神纽带，才会有统一的意志和行动，才会有强大的凝聚力、向心力。当前，我国正处在经济转轨和社会转型的加速期，思想领域日趋多元、多样、多变，各种思潮此起彼伏，各种观念交相杂陈，不同价值取向并存，所有这些表现出来的是具体利益、观念观点之争，但折射出来的是价值观的分歧。习近平说："我国是一个有着13亿多人口、56个民族的大国，确立反映全国各族人民共同认同的价值观'最大公约数'，使全体人民同心同德、团结奋进，关乎国家前途命运，关乎人民幸福安康。"培育和践行社会主义核心价值观，能够在具体利益矛盾、各种思想差异之上最广泛地形成价值共识，有效引领、整合纷繁复杂的社会思想意识，有效避免利益格局调整可能带来的思想对立和混乱，形成团结奋斗的强大精神力量。

4. 如何理解社会主义核心价值观的历史底蕴？

任何一种价值观都不可能凭空产生，总是有其特定的历史底色和精神脉络。牢固的核心价值观，都有其固有的根本。抛弃传统、丢掉根本，就等于割断了自己的精神命脉。社会主义核心价值观不是无源之水、无本之木。深深地根植于中华优秀传统文化，是社会主义核心价值观历史底蕴的集中体现。

中华优秀传统文化是涵养社会主义核心价值观的重要源泉，是中华民族的精神命脉。在世界几大古代文明中，中华文明之所以能够没有中断并延续发展至今，一个重要原因就是中华民族有一脉相承的精神追求、精神特质、精神脉络。两千多年前，中国就出现过诸子百家的盛况，老子、孔子、墨子等思想家广泛探讨人与人、人与社会、人与自然的关系，提出了包括孝悌忠信、礼义廉耻、仁者爱人、与人为善、天人合一、道法自然、自强不息等很多理念，至今仍然深深影响着中国人的生活。正如习近平所说的，要"深入挖掘和阐发中华优秀传统文化讲仁爱、重民本、守诚信、崇正义、尚和合、求大同的时代价值，使中华优秀传统文化成为涵养社会主义核心价值观的重要源泉"。

培育和弘扬社会主义核心价值观，必须立足中华优秀传统文化。历史是从昨天走到今天再走向明天的，不忘本来才能开辟未来，善于继承才能更好创新。中国人民的理想、价值观和精神世界是始终扎根于中华优秀传统文化的沃土之中的，同时又是随着历史和时代前进而不断与时俱进的。社会主义核心价值观，是对中华优秀传统文化的继承和升华。它把涉及国家、社会、公民的价值要求融为一体，赋予中华优秀传统文化以新的时代内涵。今天，培育和弘扬社会主义核心价值观，必须从中华优秀传统文化中汲取丰富营养，深入中华民族历久弥新的精神世界，把长期以来我们民族形成的积极向上、向善的思想文化充分继承和弘扬起来，坚持历史唯物主义立场，坚持古为今用、推陈出新，有鉴别地加以对待，有扬弃地予以继承；推动中华优秀传统文化创造性转化和创新性发展，激活其生命力，增强其影响力和感召力。

5. 如何理解社会主义核心价值观的现实基础？

习近平指出："一个民族、一个国家的核心价值观必须同这个民族、这个国家的历史文化相契合，同这个民族、这个国家的人民正在进行的奋斗相结合，同这个民族、这个国家需要解决的时代问题相适应。"我们所积极弘扬和践行的社会主义核心价值观，同我们正在进行的奋斗相结合，同我们所要解决的时代问题相适应，具有坚实的现实基础。概括而言，这一坚实的现实基础，就是当今时代的中华民族所进行的人类历史上最为宏伟而独特的中国特色社会主义建设实践。

中国特色社会主义建设是社会主义核心价值观的实践根据。建设富强、民主、文明、和谐、美丽的社会主义现代化强国，实现中华民族伟大复兴，是鸦片战争以来中国人民最伟大的梦想，是中华民族的最高利益和根本利益，承载着几代中国共产党人的理想和探索，寄托着无数仁人志士的意愿和期盼，凝聚着千千万万革命先烈的奋斗和牺牲，是近代以来中国社会发展的必然选择，是历史和人民的选择，凝聚着全国各族人民的奋斗和实践。事实也雄辩地证明，要实现中华民族伟大复兴，必须坚定不移坚持和发展中国特色社会主义。推进中国特色社会主义建设，必然要求有自己鲜亮的精神旗帜，有明确有力的价值引领。社会主义核心价值观生成于中国特色社会主义建设实践，同当今中国最鲜明的时代主题相适应，是当代中国精神的集中体现，是中国特色社会主义本质规定的价值表达。它从价值观的层面，清晰地展现了我们所推进的中国特色社会主义建设的基本特征和根本追求，引领着中国特色社会主义建设铿锵前行。

中国特色社会主义建设也以无可辩驳的事实生动展示着社会主义核心价值观的生机活力。改革开放以来，我们坚持走中国特色社会主义道路，在复杂的国内外形势下，抓住和用好了我国发展的战略机遇期，我国的综合国力、人民的生活水平、国际竞争力和国际影响力都迈上了新台阶，彰显了中国特色社会主义的巨大优越性和强大生命力。中国特色社会主义不是从天上掉下来的，也不是什么复制品、舶来品，而是有其自身的独特品质，中国特色的价值理念就是其中的内核。中国特色社会主义建设的成功经验，是对社会主义核心价值观正确性、可信性的检验。可以说，社会主义核心价值观之所以彰显出强大的生命力、吸引力和感召力，正因其深深地扎根于中国特色社会主义建设的生动实践之中。

6. 如何理解社会主义核心价值观的道义力量?

社会主义核心价值观以其先进性、人民性和真实性而居于人类社会的价值制高点,具有强大的道义力量。

(1) 社会主义核心价值观的先进性,体现在它是社会主义制度所坚持和追求的核心价值理念。社会主义制度建立在生产资料公有制的基础之上,消灭了剥削制度,劳动人民成为国家的真正主人,是人类社会迄今为止最先进的社会制度。中国特色社会主义制度是科学社会主义原则与中国实际的创造性结合,至今仍在不断地改革、完善和发展之中。中国特色社会主义所取得的开创性成就使得科学社会主义在 21 世纪的中国焕发出强大的生机活力,为人类探索更加美好的社会制度提供了宝贵的中国智慧和中国方案。社会主义核心价值观反映着我国社会主义基本制度的本质要求,渗透于经济、政治、文化、社会、生态建设的各个方面,是我国社会主义制度的内在精神之魂。作为人类社会最为先进社会制度的本质规定在价值层面的集中反映,社会主义核心价值观代表着当今时代人类社会的价值制高点。

(2) 社会主义核心价值观的人民性体现在它所代表的是最广大人民的根本利益,反映的是最广大人民的价值诉求,引导着最广大人民为实现美好社会理想而奋斗。马克思主义最根本的政治立场,就是始终站在广大劳动人民的立场上,以广大劳动人民的解放为旨归,竭尽全力为人民求福利、谋利益。与此相应,人民性也是以马克思主义为理论基础、以社会主义运动为实践根据的社会主义核心价值观的根本特性。在引导中国特色社会主义建设的进程中,中国共产党也反复强调,人民是历史的创造者,要践行全心全意为人民服务的根本宗旨,坚持以人民为中心、坚持人民当家作主,把人民对美好生活的向往作为奋斗目标;强调中国共产党人的初心和使命,就是为中国人民谋幸福,为中华民族谋复兴;强调中国共产党是为中国人民谋幸福的政党,也是为人类进步事业而奋斗的政党,始终把为人类作出新的更大贡献作为自己的使命。鲜明的人民性,使得社会主义核心价值观具有强大的道义感召力。

(3) 社会主义核心价值观的道义力量还源于它的真实性。在人类社会发展进程中,许多统治阶级都曾提出了不少看上去非常美好的价值理念,其中有些在历史上也发挥了很大的积极作用，但由于其阶级和历史局限性，这些美好的价值理念并未能彻底地、真正地实现。人民当家作主的社会主义制度，则为社会主义核心价值观的真正实现奠定了根本的制度前提和制度保障，使得自由、民主、公正等价值观"不是装饰品，不是用来做摆设的，而是要用来解决人民要解决的问题的"，成为真切、具体、广泛的现实。

7. 如何去做社会主义核心价值观的积极践行者？

"一种价值观要真正发挥作用，必须融入社会生活，让人们在实践中感知它、领悟它。"这就要求在培育和弘扬的过程中，下好落细、落小、落实的功夫。对于大学生而言，就是要切实做到勤学、修德、明辨、笃实，使社会主义核心价值观成为一言一行的基本遵循。

(1) 勤学。知识是树立社会主义核心价值观的重要基础。大学生正处于学习科学知识的黄金时期，要下得苦功夫，求得真学问，把学习作为一种精神追求、一种生活方式，以韦编三绝、悬梁刺股的毅力，以凿壁借光、囊萤映雪的劲头，努力扩大知识半径，既读有字之书，也读无字之书，疵砺道德品质，掌握真才实学，练就过硬本领。要努力掌握马克思主义理论，形成正确的世界观和科学的方法论，深化对社会主义核心价值观的认知认同。大学生要注重把所学知识内化于心，形成自己的见解，专攻博览，努力掌握为祖国、为人民服务的真才实学，让勤于学习、敏于求知成为青春远航的动力。

(2) 修德。蔡元培曾经说过："若无德，则虽体魄、智力发达，适足助其为恶。"道德之于个人、之于社会，都具有基础性意义，做人、做事第一位的是崇德修身。"核心价值观，其实就是一种德，既是个人的德，也是一种大德，就是国家的德、社会的德。国无德不兴，人无德不立。"一个人只有明大德、守公德、严私德，其才方能用得其所。修德，既要立意高远，又要立足平实。要立志报效祖国、服务人民，这是大德，养大德者方可成大业。同时，还得从做好小事、管好小节开始起步，"见善则迁，有过则改"，踏踏实实修好公德、私德，学会劳动、学会勤俭，学会感恩、学会助人，学会谦让、学会宽容，学会自省、学会自律。

(3) 明辨。培育和践行社会主义核心价值观，要增强自己的价值判断力和道德责任感，辨别什么是真善美、什么是假恶丑，自觉做到常修善德、常怀善念、常做善举。当前，在一些领域和一些人当中，价值判断没有了界限、丧失了底线，甚至以假乱真、以丑为美、以耻为荣。大学生一定要正视价值观选择和道德责任感，强化判断，善于明辨是非，善于决断选择，旗帜鲜明地弘扬真善美、贬斥假恶丑，树立正确导向，澄清模糊认识，匡正失范行为，形成激浊扬清、抑恶扬善的思想道德舆论，自觉做良好道德风尚的建设者、社会文明进步的推动者。

(4) 笃实。道不可坐论，德不能空谈。于实处用力，从知行合一上下功夫，核心价值观才能内化为人们的精神追求，外化为人们的自觉行动。《礼记》中说："博学之，审问之，慎思之，明辨之，笃行之。"有人说："圣人是肯做工夫的庸人，庸人是不肯做工夫的圣人。"青年有着大好机遇，关键是要迈稳步子、夯实根基、久久为功。心浮气躁，朝三暮四，学一门丢一门，干一行弃一行，无论为学还是创业，都是最忌讳的。"天下难事，必作于易；天下大事，必作于细。"成功的背后，永远是艰辛和努力。青年要把艰苦环境作为磨炼自己的机遇，把小事当作大事干，一步一个脚印往前走。滴水可以穿石，只要坚韧不拔、百折不挠，成功就一定在前方等着你。

第五章 明大德 守公德 严私德

一、知识结构

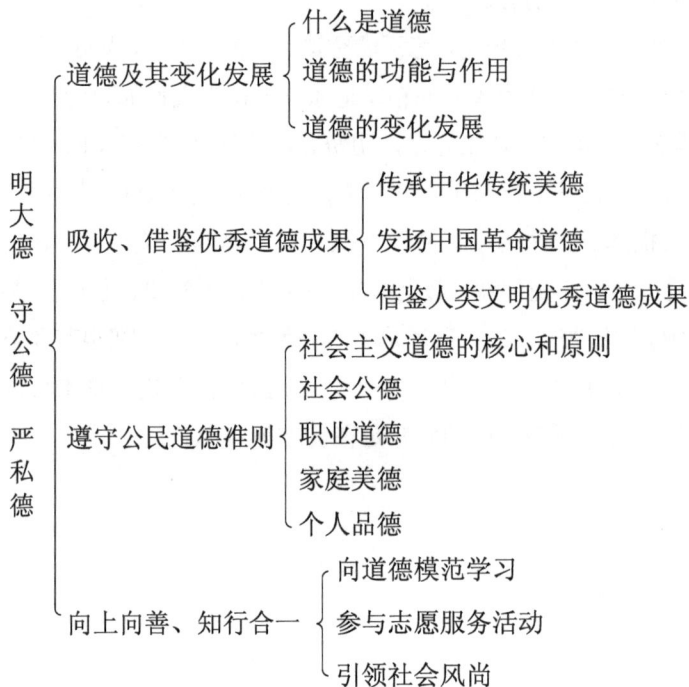

明大德 守公德 严私德

- 道德及其变化发展
  - 什么是道德
  - 道德的功能与作用
  - 道德的变化发展
- 吸收、借鉴优秀道德成果
  - 传承中华传统美德
  - 发扬中国革命道德
  - 借鉴人类文明优秀道德成果
- 遵守公民道德准则
  - 社会主义道德的核心和原则
  - 社会公德
  - 职业道德
  - 家庭美德
  - 个人品德
- 向上向善、知行合一
  - 向道德模范学习
  - 参与志愿服务活动
  - 引领社会风尚

二、基本概念

(1) 道德：道德是以善恶为评价方式，主要依靠社会舆论、传统习俗和内心信念来发挥作用的行为规范的总和。

(2) 社会公德：社会公德是指人们在社会交往和公共生活中应该遵守的行为准则，是维护公共利益、公共秩序、社会和谐稳定的起码的道德要求，涵盖了人与人、人与社会、人与自然之间的关系。

(3) 职业道德：职业道德是指从事一定职业的人在职业生活中应当遵循的具有职业特征的道德要求和行为准则，涵盖了从业人员与服务对象、职业与职工、职业与职业之间的关系。

(4) 家庭美德：家庭美德以尊老爱幼、男女平等、夫妻和睦、勤俭持家、邻里团结为主要内容，在维系和谐美满的婚姻家庭关系中具有重要而独特的功能。

(5) 个人品德：个人品德是通过社会道德教育和个人自觉的道德修养所形成的稳定的心理状态和行为习惯。它是个体对某种道德要求认同和践履的结果，集中体现了道德认知、道德情感、道德意志、道德信念和道德行为的内在统一。

三、关键问题

1. 道德的起源是什么？

马克思主义道德理论在人类思想史上第一次科学而全面地论述了道德的起源问题，为正确认识和理解道德的本质奠定了基础。

(1) 劳动是道德起源的首要前提。劳动创造了人和人类社会，是道德起源的第一个历史前提。

(2) 社会关系是道德赖以产生的客观条件。正是社会关系的形成和发展产生了调节各种关系特别是利益关系的需要，道德恰恰是为了适应社会关系调节的需要而产生的。

(3) 人的自我意识是道德产生的主观条件。人只有在社会实践中，充分意识到自我作为社会成员与其他动物的根本区别，意识到自我在社会中的角色和地位，意识到自我与他人或集体不同的利益关系，并由此产生调节利益矛盾的迫切要求时，道德才得以产生。

2. 道德的本质是什么？

道德属于上层建筑的范畴，是一种特殊的社会意识形态。

(1) 道德是反映社会经济关系的特殊意识形态。道德的产生、发展和变化，归根结底根源于社会经济关系。其一，道德的性质和基本原则、规范反映了与之相应的社会经济关系的性质和内容。其二，道德随着社会经济关系的变化而变化。其三，道德作为一种社会意识，在阶级社会里总是反映着一定阶级的利益，因而不可避免地具有阶级性；同时，不同阶级之间的道德或多或少会有一些共同之处，反映着道德的普遍性。

(2) 道德是社会利益关系的特殊调节方式。它通过社会的道德风尚和个人的道德风范来调节利益关系。

(3) 道德是一种实践精神。作为一种实践精神，道德是特殊的意识信念、行为准则、评价选择等方面的总和，是调节社会关系、发展个人品质、提高精神境界等活动的动力。

3. 道德的主要功能是什么？

道德的功能，一般是指道德作为社会意识的特殊形式对于社会发展所具有的功效与能力。道德的功能是多元的，同时也是多层次的。

(1) 道德的认识功能是指道德反映社会关系特别是反映社会经济关系的功效与能力。道德往往借助善恶、荣辱、义务、良心等反手，反映人类的道德实践活动和道德关系，从中揭示社会道德发展的趋势，为人们的行为选择提供指南。

(2) 道德的规范功能是指在正确善恶观的指引下，规范社会成员在社会公共领域、职业领域、家庭领域的行为，并规范个人品德的养成，引导并促进人们崇德向善。

(3) 道德的调节功能是指道德通过评价等方式，指导和纠正人们的行为和实践活动，协调社会关系和人际关系的功效与能力。道德评价是道德调节的主要形式，社会舆论、传统习俗和人们的内心信念是道德调节所赖以发展作用的力量。

4. 道德的社会作用表现在哪些方面？

道德的作用是指道德的认识、规范、调节、激励、导向、教育等功能的发挥和实现所产生的社会影响及实际效果。

道德的作用主要表现在：道德为经济基础的形成、巩固和发展服务，是一种重要的精神力量；对其他社会意识形态的存在有着重大的影响；通过调整人们之间的关系维护社会秩序和稳定；是提高人的精神境界、促进人的自我完善、推动人的全面发展的内在动力；在阶级社会中，道德是调节阶级矛盾和对立阶级之间开展阶级斗争的重要工具。

5. 为什么要反对"道德万能论"和"道德无用论"？

"道德万能论"片面夸大道德的作用，认为道德决定一切、高于一切、支配一切，只要道德水平高，一切社会问题都可以迎刃而解。这种观点的根本错误在于颠倒了社会存在和社会意识、经济基础同上层建筑之间的决定与被决定的关系，否定了物质资料的生产方式在社会发展中的决定作用。

"道德无用论"则根本否认道德的作用，或者通过强调非道德因素的作用来否定道德的积极作用，或者通过强调道德的消极因素来否定道德的积极作用。这种观点的根本错误在于，忽视了道德作为上层建筑的重要组成部分，一方面由经济基础所决定，另一方面对经济基础和生产力发展有一定的反作用。片面强调其消极方面，或从根本上忽视其积极方面的存在，必然不利于道德作用的发挥。

6. 道德变化发展的基本规律是什么？

人类道德的发展是一个曲折上升的历史过程。人类道德发展的历史过程与社会生产当时的发展进程大体一致，这是道德发展的基本规律。虽然在一定时期可能会有某种停滞或倒退现象，但道德发展的总趋势是向上的、前进的，是沿着曲折的道路向前发展的。

道德进步的主要表现：道德在社会生活中所起的作用越来越重要，对于促进社会和谐与人的全面自由发展的作用越来越突出；道德调控的范围不断扩大，调控的手段或方式不断丰富，而且更加科学合理；道德的发展和进步也成为衡量社会文明程度的重要尺度。

7. 中华传统美德的基本精神是什么？

(1) 重视整体利益，强调责任奉献。中华传统道德始终强调整体利益、国家利益和民族利益的重要性。传统道德中的义利之辨、理欲之辨，其核心和本质是公私之辨。

(2) 推崇"仁爱"原则，注重以和为贵。强调社会和谐、主张建立和谐友爱的人际关系、建设团结和睦的民族大家庭，对外倡导亲仁善邻、协和万邦。

(3) 提倡人伦价值，重视道德义务。中华传统美德非常重视每个人在人伦关系中的地位及其价值，强调每个人都必须根据规范的要求，来尽自己应尽的义务。

(4) 追求精神境界，向往理想人格。中华传统美德主张在物质生活基本满足的情况下应追求崇高的精神境界，把道德理想的实现看作是人生诸种需要中最高层次的需要。

(5) 强调道德修养，注重道德践履。中国古代的思想家大都认为，在塑造理想人格的过程中，最重要的就是要奋发向上、切磋践履、修身养性。

8. 如何促进中华传统美德的创造性转化和创新性发展？

中华传统美德作为中国传统道德的净化部分，为今天的道德建设提供了丰富的资源，要在去粗取精、去伪存真的基础上坚持古为今用、推陈出新，努力实现中华传统美德的创造性转化和创新性发展。

加强对中华传统美德的挖掘和阐发。弘扬中华传统美德，必须通过科学的分析和鉴别，把其中带有阶级性和时代局限性的成分剔除出去，把其中具有当代价值的道德精神发掘出来，总结传统美德中丰富的思想道德资源，对中华传统美德进行新的诠释和激活，结合现代生活赋予其新的时代内涵。

用中华传统美德滋养社会主义道德建设。结合时代要求，按照是否有利于推动中国特色社会主义事业，是否有利于建设社会主义道德体系，是否有利于培育和践行社会主义核心价值观的标准，坚持古为今用、推陈出新的原则，为社会主义道德建设提供丰厚的道德资源。

9. 中国革命道德是如何形成与发展的？

中国革命道德，是指中国共产党人、人民军队、一切先进分子和人民群众在中国革命、建设、改革中所形成的优秀道德，是马克思主义与中国革命、建设、改革的伟大实践相结合的产物，是中华民族极其宝贵的道德财富。

中国共产党始终高度重视继承和发扬革命道德传统；中国革命道德作为一种精神力量，从它形成的时候起，就对中国的革命、建设、改革事业发挥着极其重要的作用；弘扬中国革命道德，要同弘扬中华传统美德相结合。

10. 中国革命道德的主要内容有哪些？

(1) 为实现社会主义和共产主义理想而奋斗。坚持社会主义、共产主义理想和信念的不屈不挠的精神，是革命道德的灵魂。

(2) 全心全意为人民服务。全心全意为人民服务作为贯穿中国革命道德始终的一根红线，是中国共产党在中国革命实践中的一个伟大创造。

(3) 始终把革命利益放在首位。为革命利益而奋斗，"以革命利益为第一生命，个人利益服从革命利益"。

(4) 树立社会新风，建立新型人际关系。这体现了中国革命道德在社会生活层面上的重要意义。

(5) 修身自律，保持节操。中国革命道德的重要环节就是共产党人修身自律、保持节操。

11. 中国革命道德的当代价值是什么？

中国革命道德内容丰富、历久弥新，是中国共产党领导全体人民实现民族独立、人民解放的精神支撑和思想武器。

有利于加强和巩固社会主义和共产主义的理想信念；有利于培育和践行社会主义核心价值观；有利于引导人们树立正确的道德观；有利于培育良好的社会道德风尚。

12. 如何借鉴人类文明优秀的道德成果？

文明因交流而多彩，文明因互鉴而丰富。

借鉴和吸收人类文明优秀道德成果，必须秉承正确的态度和科学的方法。要坚持马克思主义立场、观点和方法，在道德问题上把握好共性和个性、抽象和具体、一般和个别的关系。

要坚持以我为主、为我所用，批判继承其他国家的道德成果。不同道德文明的产生、发展和演化，都要依托一定的社会历史条件。既要大胆吸收和借鉴人类道德文明的积极成果，又必须掌握好鉴别取舍的标准，善于在吸收中消化，把人类文明优秀道德成果变成自己道德文明体系的组成部分。

13. 为什么为人民服务是社会主义道德的核心?

(1) 为人民服务是中国共产党人将马克思主义基本原理与中国革命、建设、改革的具体实践相结合的伟大创造。为人民服务,不仅是坚持历史唯物主义的必然要求,是中国共产党践行的根本宗旨,也是社会主义道德观的集中体现,是全体人民共同遵循的道德要求。

(2) 为人民服务是社会主义经济基础和人际关系的客观要求。以公有制为主体和以按劳分配为主体,是为人民服务的根本制度保证,在此基础上逐步形成的团结互助、平等友爱、共同进步的人际关系,是为人民服务的基础。

(3) 为人民服务是社会主义市场经济健康发展的要求。社会主义市场经济本质上要求为人民服务。通过为社会和他人服务,社会主义市场经济才能实现市场主体的利益。

(4) 为人民服务是先进性要求和广泛性要求的统一。为人民服务,既伟大又平凡,既高尚又普通,它并非高不可攀、遥不可及,而是可以通过不同层次、不同形式表现出来,既适合党员干部,也能推广到全体人民。

(5) 为人民服务作为社会主义道德的核心,是社会主义道德区别和优越于其他社会形态道德的显著标志。

14. 为什么集体主义是社会主义道德的原则?

集体主义是社会主义道德的原则。在我国,国家利益、社会整体利益和个人利益根本上的一致性,使得集体主义应当而且能够在全社会范围内贯彻实施。

集体主义强调国家利益、社会整体利益和个人利益的辩证统一。在社会主义社会,国家利益、社会整体利益和个人利益是不能分割的,是相辅相成的。

集体主义强调国家利益、社会整体利益高于个人利益。之所以强调个人利益要服从国家利益和社会整体利益,归根结底,既是为了维护国家、社会的共同利益,最终也是为了维护个人的根本利益和长远利益。

集体主义重视和保障个人的正当利益。社会主义集体主义所重视和保障的是个人的正当利益,而不是任何性质的个人利益,对于损人利己、损公肥私的行为，集体主义不但不保护，而且强烈反对和禁止。

15. 集体主义的三个层次是什么？

(1) 无私奉献、一心为公，这是集体主义的最高层次，是共产党员、先进分子应努力达到的道德目标。

(2) 先公后私、先人后己，这是已经具有较高社会主义道德觉悟的人能够达到的要求。

(3) 顾全大局、遵纪守法、热爱祖国、诚实劳动，这是对公民最基本的道德要求。

16. 公共生活的特征是什么？

(1) 活动范围具有广泛性。公共生活的场所和领域不断扩展、空间不断扩大，特别是网络使公共生活进一步扩展到虚拟世界。

(2) 活动内容具有开放性。公共生活是社会成员共同参与和共同创造的公共空间，它涉及的活动内容是开放的。

(3) 交往对象具有复杂性。随着科学技术的迅猛发展，人们在公共生活中的交往对象不再局限于熟识的人，而是进入公共场所的任何人。这就增加了人际交往信息的不对称性和行为后果的不可预期性。

(4) 活动方式具有多样性。当代社会的发展使人们的生活方式发生了新的变化，人们可以根据自身的需要及年龄、兴趣、职业、经济条件等因素，选择变换参与公共生活的具体方式。

17. 社会公德的主要内容是什么？

(1) 文明礼貌。文明礼貌是调整和规范人际关系的行为准则，与我们每个人的日常生活密切相关。它反映着一个人的道德修养，体现着一个民族的整体素质。

(2) 助人为乐。把帮助他人视为自己应做的事，这是每个社会成员应有的社会公德。

(3) 爱护公物。对社会共同劳动成果的珍惜和爱护，是每个公民应尽应该承担的社会责任和义务。它既显示出个人的道德修养水平，也是社会文明水平的重要标志。

(4) 保护环境。生态环境保护是功在当代、利在千秋的事业。人类发展活动必须尊重自然、顺应自然、保护自然。

(5) 遵纪守法。遵纪守法是全体公民都必须遵循的基本行为准则，是维护公共生活秩序的重要条件。

18. 大学生应当如何遵守网络生活中的道德要求？

网络生活中的道德要求是人们在网络生活中为了维护正常的网络公共秩序，需要共同遵守的基本道德准则，是社会公德在网络空间的运用和扩展。大学生应当遵守网络生活中的道德要求，成为营造清朗网络空间的正能量。

(1) 正确使用网络工具。大学生应当正确使用网络，提高信息的获取能力，加强信息的辨识能力，增进信息的应用能力，使网络成为开阔视野、提高能力的重要工具。

(2) 健康进行网络交往。大学生应通过网络开展健康有益的人际交往，树立自我保护意识，同时也不能以网络交往代替现实交往。

(3) 自觉避免沉迷网络。大学生应当合理安排上网时间，约束上网行为，避免沉迷于网络。

(4) 加强网络道德自律。大学生应当在网络生活中培养自律精神，在缺少外在监督的网络空间里，做到自律而"不逾矩"，促进网络生活的健康与和谐。

(5) 积极引导网络舆论。作为新时代的大学生，应当带头引导网络舆论，对模糊认识要及时廓清，对怨气、怨言要及时化解，对错误看法要及时引导和纠正，积极营造清朗网络空间。

19. 职业道德的主要内容是什么？

爱岗敬业、诚实守信、办事公道、服务群众和奉献社会是职业生活中的基本道德规范。

(1) 爱岗敬业。爱岗敬业，就是要干一行爱一行，爱一行钻一行，精益求精，尽职尽责。

(2) 诚实守信。职业道德中的诚实守信，要求从业者在职业生活中诚实劳动、合法经营、信守承诺、讲求信誉。

(3) 办事公道。办事公道，就是要求从业人员做到公平、公正，不损公肥私，不以权谋私，不假公济私。

(4) 服务群众。在社会主义社会，每个人无论从事什么工作、能力如何，都应该在本职岗位上通过不同形式为群众服务。

(5) 奉献社会。奉献社会就是要求从业人员在自己的工作岗位上兢兢业业地为社会和他人作贡献。爱岗敬业，诚实守信、办事公道、服务群众都体现了奉献社会的精神。

20. 如何树立正确的择业观和创业观？

(1) 树立崇高的职业理想。职业活动不仅是人们谋生的手段，也是人们奉献社会、完善自身的必要条件。

(2) 服从社会发展需要。择业和创业固然要考虑个人的兴趣和意愿，同时也要充分考虑现实的可能性和社会的需要，把自己对职业的期望与社会的需要、现实的可能结合起来。

(3) 做好充分的择业准备。素质是立身之基，技能是立业之本。大学生有了真才实学，才能在未来适应多种岗位。

(4) 培养创业的勇气和能力。要有敢于创业的勇气，也要充分考虑自身的条件、创业的环境等各种现实的因素，努力提高自主创业的能力。

21. 大学生应如何自觉遵守职业道德？

大学生是青年人中的佼佼者，要深刻认识提高职业道德素质的重要性，注重自己这方面的修养和锻炼。

(1) 学习职业道德规范。大学生应当将职业道德修养纳入学习成才的规划中，有计划、有目的地学习，为今后走上工作岗位打下良好的基础。

(2) 提高职业道德意识。大学生应当以职业道德模范为榜样，培养积极进取、甘于奉献、服务社会的良好职业道德意识，为未来的职业生活作准备。

(3) 提高践行职业道德的能力。大学生应当积极利用各种机会开展社会实践，多参与社会志愿服务活动，使自己学到的知识能在服务社会的过程中得到运用和升华。

22. 家庭建设的主要内容是什么？

(1) 注重家庭。家庭和睦则社会安定，家庭幸福则社会祥和，家庭文明则社会文明。历史和现实告诉我们，家庭的前途命运同国家和民族的前途命运紧密相连。

(2) 注重家教。家庭是人生的第一个课堂，父母是孩子的第一任老师。注重家教，应该把美好的道德观念从小就传递给孩子，引导他们有做人的气节和骨气，帮助他们形成美好心灵，促使他们健康成长。

(3) 注重家风。家风是指一个家庭或家族的传统风尚或作风。良好的家风，对家庭成员的个人修养产生着重要的作用，也对整个社会道德风尚的形成产生着重要的影响。

23. 恋爱中的道德规范是什么？

恋爱中的道德规范主要有尊重人格平等、自觉承担责任和文明相亲相爱。

(1) 尊重人格平等。恋爱的双方在人格上都是独立的，在相互关系上是平等的，都有给予爱、接受爱和拒绝爱的自由。

(2) 自觉承担责任。自愿地为对方承担责任，是爱情本质的体现。责任常常体现在生活的点点滴滴之中，责任的担当是需要见诸行动的自觉。

(3) 文明相亲相爱。文明的恋爱往往是恋爱双方既相互爱慕、亲近，又举止得体、相互尊重。恋人在公共场所出入，要遵守社会公德，不要对他人生活和公共生活造成不良影响。

24. 家庭美德的主要内容是什么？

家庭美德以尊老爱幼、男女平等、夫妻和睦、勤俭持家、邻里团结为主要内容，在维系和谐美满的婚姻家庭关系中具有重要而独特的功能。

(1) 尊老爱幼。尊老爱幼的良好家庭道德传统，不仅是每个公民必须遵守的道德准则，也是应尽的社会责任和法律义务。

(2) 男女平等。家庭生活中的男女平等既表现为夫妻权利和义务上的平等、人格地位上的平等，又表现为平等地对待自己的子女。

(3) 夫妻和睦。夫妻关系是家庭关心的核心。夫妻和睦是在男女平等基础上的互敬互爱，互助互让。

(4) 勤俭持家。勤俭是家庭兴旺的保证，也是社会富足的保证。勤俭持家既要勤劳致富，也要量入为出。大学生在日常生活中要注重节俭，减轻父母和家庭的生活负担。

(5) 邻里团结。邻里团结重要的是要相互尊重，尊重对方的人格、民族习惯、生活方式、兴趣爱好等，做到互谅互让、互帮互助、宽以待人、团结友爱。

25. 大学生应当树立怎样的恋爱观和婚姻观？

不能错把友谊当爱情。异性之间要理性地把握友谊与爱情的界限。异性之间，完全可以建立和保持健康的友谊；不能错置爱情的地位；不能片面或功利化地对待恋爱；不能只顾过程不顾后果，责任是爱情得以长久的重要保障，是坚贞爱情的试金石；不能因失恋而迷失人生方向。大学生应该正确对待失恋，做到失恋不失志，失恋不失德，不影响学业和生活，不丧失对爱的憧憬和追求。

26. 大学生树立正确的恋爱观，需要处理好哪几种关系？

(1) 恋爱与学习的关系。学习是大学生的主要任务，大学生应该把爱情作为奋发学习的动力，同时还应把是否有利于促进学习作为衡量爱情价值的一个重要而特殊的标准。

(2) 恋爱与关心集体的关系。恋爱中的双方不应把自己禁锢在两个人的世界中。脱离集体、疏远同学会妨碍自身的全面发展与进步。

(3) 恋爱与关爱他人和社会的关系。只专注于对恋人的爱而忽视对他人和社会的爱，这样的爱情就会显得自私和庸俗；相反地，对他人和社会具有爱心则会使爱情变得高尚和稳固。

27. 个人品德的作用是什么？

个人品德是通过社会道德教育和个人自觉的道德修养形成的稳定的心理状态和行为习惯。

(1) 个人品德对道德和法律作用的发挥具有重要的推动作用，社会道德和法律要求只有内化为个人品德，才能成为现实的规范力量。同时，个人品德提升的过程也是能动地作用于社会道德和法律的过程，它能够为社会道德和法律的发展进步创造条件、提供动力。

(2) 个人品德是个体人格完善的重要标志。一方面，个人品德决定着一个人在实际生活中和社会实践中的行为选择，以及对各种关系的协调和处理，直接显示出个人境界和素质的高低；另一方面，个人品德又为自我整体素质的修养、锻炼和完善规划目标指明方向，为个人成长提供指引和调控。

(3) 个人品德是经济社会发展进程中重要的主体精神力量。作为社会主义道德建设的落脚点，个人品德状况直接影响着社会主义市场经济制度的完善和社会主义民主政治的进程。社会成员的思想观念和道德素质普遍得到提高，是全面建成小康社会，实现中华民族伟大复兴中国梦的前提和保障。

28. 道德修养的正确方法是什么？

(1) 学思并重。学思并重的方法，即通过虚心学习、积极探索、积极思索、辨别善恶，学善戒恶，以涵养良好的德行。

(2) 省察克制。省察克制的方法，即通过反复检验以发现和找出自己思想和行为中的不良倾向，并及时对它们进行抑制与克服。

(3) 慎独自律。慎独自律的方法，即在无人知晓、没有外在监督的情况下，坚守自己的道德信念，自觉按道德要求行事，不因无人监督而恣意妄为。

(4) 知行合一。知行合一的方法，即把提高道德认识与躬行道德实践统一起来，以促进道德要求内化为个人的道德品质，外化为实际的道德行为。

(5) 积善成德。积善成德的方法，即通过积累善行和美德，使之巩固强化，以逐渐凝结成优良的品德。

加强个人品德修养不可能一蹴而就，更不可能一劳永逸。按照有效的品德修养方法去做，并长期坚持下去，才能使自己不断进步、不断完善，从而成为品德高尚的人。

29. 大学生如何锤炼高尚的道德品格？

大学生锤炼高尚道德品格，要在知、情、意、信、行等方面加强道德修养，提高道德实践能力，自觉讲道德、尊道德、守道德，自觉明大德、守公德、严私德。

(1) 形成正确的道德认知和道德判断。一方面要客观评价古代传统道德观和近现代资本主义道德观念的进步性与局限性，尤其要清醒认识当代西方资产阶级道德观念的不合理性；另一方面还要深刻理解在以生产资料公有制为主体的社会主义生产实践基础上形成的道德所具有的历史优越性、时代进步性，牢固树立中国特色社会主义道德观念。

(2) 激发正向的道德认同和道德情感。大学生在道德修养中激发正向的道德认同与道德情感，具体而言就是要自觉涵育对家庭成员的亲亲之情，对他人、集体的关心、关爱，增强社会责任感、国家认同感、民族归属感、时代使命感，在与祖国同呼吸、与民族同步伐、与人民心连心的高尚情怀中，陶冶道德情操。

(3) 强化坚定的道德意志和道德信念。大学生需要明白"从善如登"的深刻道理，磨练道德意志，坚定道德信念，学会克服学习、生活、交往、成长中的各种困难和挫折，远离干扰、避免懈怠、战胜诱惑，在砥砺中前行，在拼搏中进取，并做到持之以恒、久久为功，从而成就高尚的道德品格。

30. 大学生如何投身崇德向善的道德实践？

大学生投身崇德向善的道德实践，就要向道德模范学习，培养志愿服务精神，大力弘扬时代新风，强化社会责任意识、规则意识、奉献意识。

(1) 向道德模范学习。道德模范主要是指思想与行为能够激励人们不断向善且为人们所崇敬、模仿的先进人物。学习道德模范的高尚品格、先进事迹，有利于提升全体社会成员的道德素质和社会整体道德水平。大学生要向道德模范学习，崇德向善、见贤思齐、弘扬真善美，传播正能量。

(2) 参与志愿服务活动。志愿服务是指志愿贡献个人的时间及精力，在不求任何物质报酬的情况下，为改善社会、促进社会进步而提供的服务。志愿服务是培育和弘扬社会主义核心价值观的重要载体。志愿服务的精神是奉献、友爱、互助、进步。参与志愿服务活动，一方面，帮助了他人、服务了社会，推动了社会道德水平的提高；另一方面，也把为社会和他人的服务看作是自己应尽的义务和光荣的职责，从服务社会和帮助他人中获得成就感和幸福感。

志愿服务已经成为大学生参与社会实践、成长成才的重要舞台，成为大学生关爱他人、传播青春正能量的重要途径。大学生积极投身志愿服务活动，一是要到最需要的地方去，二是帮助弱势群体，三是做力所能及的事。

(3) 引领社会风尚。大学生投身崇德向善的道德实践，要弘扬真善美、贬斥假恶丑，做社会主义道德的示范者和引领者，促成知荣辱、讲正气、作奉献、促和谐的社会风尚。

① 知荣辱。大学生应以正确的荣辱观为指导，坚定正确的行为导向，产生正确的价值激励，助推全社会形成知荣明辱的良好道德风尚。

② 讲正气。大学生须有一腔浩然正气，才能无所畏惧地前进，才能不屈不挠地为国家、为社会建功立业。

③ 作奉献。大学生要在奉献社会中积极发光发热，使我们的社会更加美好和幸福。

④ 促和谐。大学生要用和谐的态度对待人生实践，使崇尚和谐、维护和谐内化为自己的思想意识和行为习惯，推动人与人之间、人与社会之间融洽相处，实现人与自然之间友好共生。

新时代的大学生作为实现民族伟大复兴重任的中坚力量，其道德状态和精神风貌在很大程度上影响着整个社会的道德状态和精神风貌。大学生要以高度的主人翁精神，积极参与各种精神文明创建活动，为家庭谋幸福、为他人送温暖、为社会作贡献，不断引领社会风尚，提升道德品质。

第六章 尊法、学法、守法、用法

一、知识结构

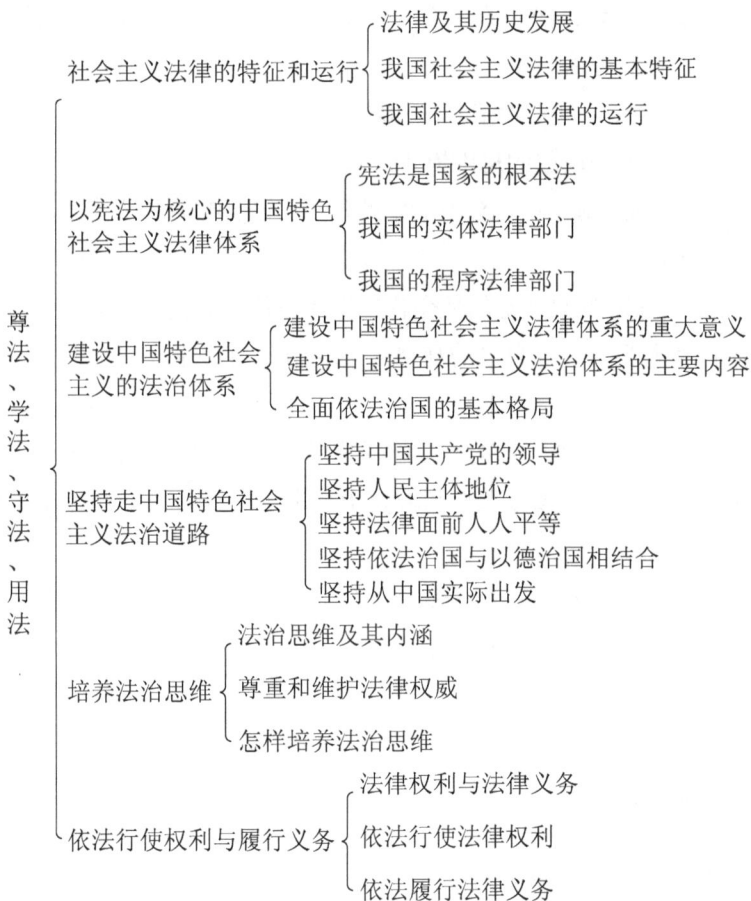

尊法、学法、守法、用法

社会主义法律的特征和运行
- 法律及其历史发展
- 我国社会主义法律的基本特征
- 我国社会主义法律的运行

以宪法为核心的中国特色社会主义法律体系
- 宪法是国家的根本法
- 我国的实体法律部门
- 我国的程序法律部门

建设中国特色社会主义的法治体系
- 建设中国特色社会主义法律体系的重大意义
- 建设中国特色社会主义法治体系的主要内容
- 全面依法治国的基本格局

坚持走中国特色社会主义法治道路
- 坚持中国共产党的领导
- 坚持人民主体地位
- 坚持法律面前人人平等
- 坚持依法治国与以德治国相结合
- 坚持从中国实际出发

培养法治思维
- 法治思维及其内涵
- 尊重和维护法律权威
- 怎样培养法治思维

依法行使权利与履行义务
- 法律权利与法律义务
- 依法行使法律权利
- 依法履行法律义务

二、基本概念

(1) 法律：由国家制定或认可并以国家强制力保证实施的，反映由特定社会物质生活条件所决定的统治阶级意志的规范体系。

(2) 法律体系：一个国家全部现行法律规范分类组合为不同的法律部门而形成的有机联系的统一整体。简单地说，法律体系就是部门法体系。

(3) 法治体系：法治运转机制和运转环节的全系统，包括立法体系、执法体系、司法体系、守法体系和法律监督体系等。当代中国语境中，法治体系主要指中国特色社会主义法治体系，其主要内容包括完备的法律规范体系、高效的法治实施体系、严密的法治监督体系、有力的法治保障体系和完善的党内法规体系等五方面。

(4) 法治思维：以法治价值和法治精神为导向，运用法律原则、法律规则、法律方法思考和处理问题的思维模式。

(5) 法律权威：法律在社会生活中的作用力、影响力和公信力，是法律应有的尊严和生命。

(6) 法律权利：反映一定的社会物质生活条件所制约的行为自由，是法律所允许的权利人为了满足自己的利益而采取的、由其他人的法律义务所保证的法律手段。

(7) 法律义务：反映一定的社会物质生活条件所制约的社会责任，是保障法律所规定的义务人应该按照权利人要求从事一定行为或不行为以满足权利人利益的法律手段。

(8) 法律责任：违法者对违法行为所应承担的具有强制性的法律上的责任。法律责任同违法行为紧密相连，只有实施某种违法行为的人，才承担相应的法律责任。

三、关键问题

1. 法律的含义是什么？

(1) 法律是由国家创制和实施的行为规范。国家创制法律规范的方式主要有两种：一是国家机关在法定的职权范围内依照法律程序，制定、修改、废止规范性法律文件的活动；二是国家机关赋予某些既存社会规范以法律效力，或者赋予先前的判例以法律效力的活动。

(2) 法律不但由国家制定和认可，而且由国家强制力保证实施。

(3) 法律由一定的社会物质生活条件所决定。法律作为上层建筑的重要组成部分，不是凭空出现的，而是产生于特定社会物质生活条件基础之上。

(4) 法律是统治阶级意志的体现。法律所体现的统治阶级意志具有整体性，不是统治阶级内部个别人的意志，也不是统治者个人意志的简单相加。统治阶级不仅迫使被统治阶级服从和遵守法律，而且要求统治阶级的成员也遵守法律。

综上所述，可以将法律定义为：法律是由国家制定或认可并以国家强制力保证实施的、反映由特定社会物质生活条件所决定的统治阶级意志的规范体系。

2. 如何理解法律的历史发展？

法律不是从来就有的，也不是永恒存在的，它随着私有制、阶级和国家的产生而产生，也将随着私有制、阶级和国家的消亡而消亡。法律作为上层建筑的重要组成部分，其基本内容和性质总是与所在社会的生产关系相适应的。奴隶制法律、封建制法律、资本主义法律都是建立在私有制经济基础上的剥削阶级类型法律，而社会主义法律是人类历史上唯一以公有制为基础的新型法律制度。

(1) 奴隶制法律。在奴隶制社会的经济结构中，奴隶主阶级占有生产资料，同时也占有作为生产劳动者的奴隶。因此，奴隶制法律是奴隶主阶级专政的国家意志的表现，是奴隶主阶级对广大奴隶实行统治的工具。

(2) 封建制法律。封建社会是以农业为基础的自然经济占主导地位的社会。在封建社会的经济结构中，封建地主阶级占有生产资料，同时不完全占有作为生产劳动者的农奴或农民。封建制法律是封建地主阶级意志的体现，是统治农民阶级的工具，维护封建地主阶级的共同利益。

(3) 资本主义法律。资本主义法律是资产阶级共同意志的体现，是统治工人阶级和其他劳动人民的工具，其根本任务是维护资产阶级的政治、经济和社会秩序。资本主义法律规定的自由、民主、平等等价值原则是形式上的，归根结底是维护资产阶级根本利益，所以属于剥削阶级类型的法律。

(4) 社会主义法律。社会主义法律是新型的法律制度，有着与以往剥削阶级类型法律制度不同的经济基础与阶级本质。社会主义法律以公有制为经济基础，保障全体劳动者共同占有生产资料，通过解放生产力和发展生产力来推动社会物质财富和精神财富的日益丰富，从而实现人的全面发展和全体社会成员的共同富裕。社会主义法律是最广大人民群众意志的集中体现，是实现人民当家作主、实行人民民主专政的重要保证。

3. 社会主义法律的本质特征是什么？

我国社会主义法律，是在中国共产党领导的新民主主义革命时期孕育，在中华人民共和国成立后不断形成和发展起来的。改革开放以来，我国法治建设进入了前所未有的快速发展时期，形成了以宪法为统帅的社会主义法律体系，国家和社会生活各方面实现了有法可依，这是一个巨大的历史成就。从本质上说，我国社会主义法律是中国特色社会主义制度的重要组成部分，是党领导人民当家作主的制度保障。

(1) 我国社会主义法律体现了党的主张和人民意志的统一。我国社会主义法律既具有鲜明的阶级性，又具有广泛的人民性，体现了阶级性与人民性的统一。

(2) 我国社会主义法律具有科学性和先进性。我国社会主义法律反映的不是少数人的特殊利益，而是全体人民的共同利益，尽管其具体内容会随着社会的发展而调整变化，但它与历史发展的基本方向和规律是一致的。因此，从本质上说，我国社会主义法律更能尊重和反映社会发展规律，具有科学性和先进性。

4. 如何理解社会主义法律的运行过程？

法律的运行是一个从创制、实施到实现的过程。这个过程主要包括法律制定、法律执行、法律适用、法律遵守等环节。

(1) 法律制定。法律制定是指有立法权的国家机关，依照法定职权和程序、制定规范性法律文件的活动，是法律运行的起始性和关键性环节。我国立法贯穿公正、公平、公开原则，坚持科学立法、民主立法、依法立法，表达人民的共同意志和诉求。立法活动必须遵循法定程序，就全国人民代表大会的立法程序而言，大体包括法律案的提出、法律案的审议、法律案的表决和法律的公布四个环节。

(2) 法律执行。在广义上，法律执行是指国家机关及其公职人员，在国家和公共事务管理中依照法定职权和程序，贯彻和实施法律的活动。在狭义上，法律执行则是指国家行政机关执行法律的活动，也被称为行政执法。行政执法是法律实施和实现的重要环节，必须坚持合法性、合理性、信赖保护、效率等基本原则。我国大部分的法律、法规都是由行政机关执行的，行政执法的主体通常是国家行政机关及其公职人员。

(3) 法律适用。法律适用是指国家司法机关及其公职人员依照法定职权和程序适用法律处理案件的专门活动。在我国，司法机关是指国家审判机关和检察机关。人民法院代表国家行使审判权，人民检察院代表国家行使法律监督权。其他任何国家机关、社会组织和个人，不得行使国家司法权。

(4) 法律遵守。法律遵守是指国家机关、社会组织和公民个人依照法律规定行使权力和权利以及履行职责和义务的活动。人们通常把守法仅仅理解为履行法律义务。其实，守法意味着一切组织和个人严格依法办事的活动和状态。一切组织和个人都必须遵守宪法和法律，任何公民都享有宪法和法律规定的权利，同时也必须履行宪法和法律规定的义务。

5. 简述我国宪法的形成和发展过程。

我国现行宪法可以追溯到 1949 年具有临时宪法作用的《中国人民政治协商会议共同纲领》和 1954 年第一届全国人大一次会议通过的《中华人民共和国宪法》。党的十一届三中全会开启了改革开放历史新时期，发展社会主义民主、健全社会主义法制成为党和国家坚定不移的方针。我国现行宪法即 1982 年宪法就是在这个历史背景下产生的。这部宪法深刻总结了我国社会主义建设正反两方面经验，适应我国改革开放和社会主义现代化建设、加强社会主义民主法制建设的新要求，确立了党的十一届三中全会之后的路线方针政策，把集中力量进行社会主义现代化建设规定为国家的根本任务，就社会主义民主法制建设作出一系列规定，为改革开放和社会主义现代化建设提供了有力法制保障。

我国宪法是治国理政的总章程，必须体现党和人民事业的历史进步，必须随着党领导人民建设中国特色社会主义实践的发展而不断完善发展。宪法只有不断适应新形势、吸纳新经验、确认新成果，才能具有持久生命力。1988年、1993年、1999年、2004年、2018年，全国人大分别对我国宪法个别条款和部分内容作出必要的也是十分重要的修正，使我国宪法在保持稳定性和权威性的基础上紧跟时代前进步伐，不断与时俱进。

6. 如何正确认识我国宪法的地位？

(1) 我国宪法是国家的根本法，是治国安邦的总章程，是党和人民意志的集中体现。我国现行宪法颁布以来，在坚持中国共产党领导，保障人民当家作主，促进改革开放和社会主义现代化建设，推动社会主义法治国家建设进程，维护国家统一、民族团结、社会稳定等方面发挥了有力的推动作用。

(2) 我国宪法是国家各项制度和法律法规的总依据。我国宪法具有最高的法律地位、法律权威、法律效力，具有根本性、全局性、稳定性、长期性。一切法律、行政法规、地方性法规的制定都必须以宪法为依据，遵循宪法的基本原则，不得与宪法相抵触。

(3) 我国宪法规定了国家的根本制度。我国宪法确立了工人阶级领导的、以工农联盟为基础的人民民主专政的国体，确立了社会主义制度是中华人民共和国的根本制度，确立了人民代表大会制度的政体，确立了中国共产党领导的多党合作和政治协商制度、民族区域自治制度以及基层群众自治制度，确立了以公有制为主体、多种所有制经济共同发展的基本经济制度和按劳分配为主体、多种分配方式并存的分配制度。

7. 我国宪法的基本原则是什么？

宪法的基本原则是贯穿于宪法规范始终，对宪法的制定、修改、实施、遵守等环节起指导作用的基本准则。

(1) 党的领导原则。中国共产党是中国特色社会主义事业的领导核心。党的领导是人民当家作主的根本保证，是中国特色社会主义最本质的特征，是中国特色社会主义制度的最大优势。

(2) 人民主权原则。主权是指国家的最高权力。在我国，人民当家作主是社会主义民主政治的本质和核心。我国宪法体现了人民主权原则，强调国家的一切权力属于人民。

(3) 尊重和保障人权原则。我国宪法将"国家尊重和保障人权"规定为一项基本原则，对公民的基本权利和自由作出全面规定，依法保障公民的生存权和发展权。

(4) 社会主义法治原则。社会主义法治原则要求坚持宪法法律至上、法律面前人人平等，推进国家各项工作法治化，维护社会公平正义，维护社会主义法制的统一、尊严、权威。任何组织和个人都要在宪法和法律范围内活动，一切违法行为都应受到法律的追究。

(5) 民主集中制原则。我国宪法规定，中华人民共和国的国家机构实行民主集中制原则。国家权力统一由全国人民代表大会和地方各级人民代表大会行使，全国人民代表大会和地方各级人民代表大会由民主选举产生，对人民负责，受人民监督。广大人民的共同意志通过民主形式集中起来，并通过法定程序上升为国家意志。

8. 我国宪法确立的制度有哪些？

(1) 国体和根本政治制度。国体即国家性质，是国家的阶级本质，是指社会各阶级在国家生活中的地位和作用。人民民主专政是我国的国体。我国宪法规定："中华人民共和国是工人阶级领导的、以工农联盟为基础的人民民主专政的社会主义国家。"

人民代表大会制度是我国的政权组织形式。政权组织形式，又称政体，是指掌握国家权力的阶级实现国家权力的政权体制，是形成和表现国家意志的方式，或者说是表现国家权力的政治体制。人民代表大会制度是中国社会主义民主政治最鲜明的特点，是人民当家作主的重要途径和最高实现形式，是社会主义政治文明的重要制度载体，是我国的根本政治制度。

(2) 基本政治制度。我国宪法确立的基本政治制度，主要有中国共产党领导的多党合作和政治协商制度、民族区域自治制度和基层群众自治制度。

① 共产党领导、多党派合作，共产党执政、多党派参政是中国共产党领

导的政党制度的基本特色，也是我国政治制度的一大优势。中国人民政治协商会议是中国共产党领导的多党合作和政治协商的重要机构，是我国政治生活中发扬社会主义民主的重要形式。

② 民族区域自治制度是中国共产党和各族人民的一个伟大创造，体现了国家的集中统一和民族区域自治的正确结合，体现了全国各民族人民的共同利益和少数民族特殊利益的正确结合。

③ 基层群众自治是基层民主的主要实现形式，是人民当家作主最有效、最广泛的途径。我国宪法规定，城市和农村按居民居住地区设立的居民委员会或者村民委员会是基层群众性自治组织。城市居民委员会组织法和村民委员会组织法，为发展城乡基层民主，加强基层政权建设，保障城乡居民享有更多、更切实的民主权利提供了法律依据。

(3) 基本经济制度。基本经济制度是指一个国家通过宪法和法律调整以生产资料所有制为核心的各种基本经济关系的规则、原则和政策的总和。社会主义公有制是我国经济制度的基础。全民所有制和劳动群众集体所有制是我国社会主义公有制的两种基本形式。国家保障国有经济的巩固和发展，同时鼓励、支持和引导非公有制经济的发展，并对非公有制经济依法实行监督和管理。

9. 我国的实体法律部门有哪些？

中国特色社会主义法律体系以宪法为统帅，以法律为主干，以行政法规、地方性法规为重要组成部分，由多个法律部门组成的有机统一整体。其中，实体法律部门包括宪法相关法、民法商法、行政法、经济法、社会法、刑法等。

(1) 宪法相关法。宪法相关法是与宪法相配套、直接保障宪法实施和国家政权运作等方面的法律规范，主要包括国家机构的产生、组织、职权和基本工作原则方面的法律，民族区域自治制度、特别行政区制度、基层群众自治制度方面的法律，维护国家主权、领土完整、国家安全、国家标志象征方面的法律，保障公民基本政治权利方面的法律。

(2) 民法商法。民法是调整平等主体的自然人、法人和非法人组织之间的人身关系和财产关系的法律规范，遵循民事主体地位平等、自愿、公平、诚信、公序良俗、有利于节约资源和保护生态环境等基本原则。商法是调整平等主体之间商事关系的法律规范，是与民法并列并互为补充的部门法。商法遵循民法的基本原则，同时秉承保障商事交易自由、等价有偿、便捷安全等原则。

(3) 行政法。行政法是关于行政权的授予、行政权的行使以及对行政权监督的法律规范，调整的是行政机关与行政管理相对人之间因行政管理活动发生的关系，遵循职权法定、程序法定、公正公开、有效监督等原则，既保障行政机关依法行使职权，又注重保障公民、法人和其他组织的权利。

(4) 经济法。经济法是国家从社会整体利益出发，对经济活动实行干预、管理或者调控的法律规范。与民法商法调整平等主体之间的民事商事关系不同，经济法是国家对市场经济进行适度干预和宏观调控的法律手段和制度框架，旨在防止市场经济的自发性和盲目性所导致的弊端。

(5) 社会法。社会法是调整劳动关系、社会保障、社会福利和特殊群体权益保障等方面的法律规范，遵循公平和谐与国家适度干预原则，通过国家和社会积极履行责任，对劳动者、失业者、丧失劳动能力的人以及其他需要扶助的特殊人群的权益提供必要的保障，维护社会公平正义。

(6) 刑法。刑法是规定犯罪与刑罚的法律规范。它通过规范国家刑罚权，惩罚犯罪，保护人民，维护社会秩序和公共安全，保障国家安全。

我国刑法规定了罪刑法定、法律面前人人平等、罪刑相适应等基本原则，规定了危害国家安全罪、危害公共安全罪、破坏社会主义市场经济秩序罪、侵犯公民人身权利和民主权利罪、侵犯财产罪、妨害社会管理秩序罪、危害国防利益罪、贪污贿赂罪、渎职罪和军人违反职责罪 10 类犯罪行为及其刑事责任，规定了背叛国家罪等 460 多个具体罪名。

10. 我国的程序法律部门有哪些？

我国的程序法律部门包括诉讼法与非诉讼程序法。诉讼与非诉讼程序法是规范解决社会纠纷的诉讼活动与非诉讼活动的法律规范。

(1) 诉讼法。

① 我国制定了刑事诉讼法，规定一切公民在适用法律上一律平等，尊重和保障人权，人民法院、人民检察院依法独立公正行使审判权、检察权，人民法院、人民检察院、公安机关分工负责、互相配合、互相制约，保证犯罪嫌疑人、被告人获得辩护，未经人民法院依法判决，对任何人不得确定有罪等刑事诉讼的基本原则和制度，并规定了管辖、回避、辩护、证据、强制措施、侦查、起诉、审判、执行等制度和程序，有效保证了刑法的正确实施，保护了公民的人身权利、财产权利、民主权利和其他权利，保障了社会主义建设事业的顺利进行。

② 我国制定了民事诉讼法，确立了当事人有平等的诉讼权利、根据自愿和合法的原则进行调解、公开审判、两审终审等民事诉讼的基本原则和制度，明确了诉讼当事人的诉讼权利和诉讼义务，规范了证据制度，规定了第一审普通程序、第二审程序、简易程序、特别程序、审判监督程序等民事审判程序，还对执行程序、强制执行措施作了明确规定。

③ 我国制定了行政诉讼法，明确规定公民、法人和其他组织认为自己的合法权益被行政机关及其工作人员侵犯时，有权依法向人民法院提起行政诉讼，人民法院依法对行政案件独立行使审判权，保障公民的合法权益，促进了行政机关依法行使行政职权。

(2) 非诉讼程序法。

① 我国制定了仲裁法，规范了国内仲裁与涉外仲裁机构的设立，明确规定仲裁委员会独立于行政机关，从机构设置上保证了仲裁委员会的独立性，明确将自愿、仲裁独立、一裁终局等原则作为仲裁的基本原则，系统规定了仲裁程序。

② 我国制定了人民调解法，完善人民调解制度，规范人民调解的组织和程序，及时解决民间纠纷，维护社会和谐稳定，明确规定了在当事人自愿、平等的基础上进行调解；不违背法律、法规和国家政策；尊重当事人的权利，不得因调解而阻止当事人依法通过仲裁、行政、司法等途径维护自己的权利等原则。

此外，我国还制定了引渡法、海事诉讼特别程序法、劳动争议调解仲裁法、农村土地承包经营纠纷调解仲裁法等法律，建立健全了非诉讼程序法律制度。

11. 建设中国特色社会主义法治体系的重大意义是什么？

全面依法治国，是国家治理的一场深刻革命。全面依法治国的总目标是建设中国特色社会主义法治体系、建设社会主义法治国家。

(1) 中国特色社会主义的本质要求和重要保障。中国特色社会主义法治体系本质上是中国特色社会主义制度的法律表现形式。不断完善和发展中国特色社会主义制度、推进国家治理体系和治理能力现代化，必须建设和完善中国特色社会主义法治体系。

(2) 推进国家治理体系和治理能力现代化的重要举措。推进国家治理体系和治理能力的现代化，要适应时代变化，既改革不适应实践发展要求的体制机制、法律法规，又不断构建新的体制机制、法律法规，使各方面制度更加科学、更加完善。建设中国特色社会主义法治体系，能够有效推进党、国家、社会各项事务治理制度化、规范化、程序化，能够有效提高党科学执政、民主执政、依法执政的水平。

(3) 全面依法治国的总抓手。建设中国特色社会主义法治体系、建设社会主义法治国家明确了全面依法治国的性质和方向，也突出了全面依法治国的工作重点。建设中国特色社会主义法治体系是总揽全局、牵引各方的总抓手，必须从依法治国、依法执政、依法行政共同推进和法治国家、法治政府、法治社会一体建设方面，对法治中国建设作出战略部署和总体安排。

12. 建设中国特色社会主义法治体系的主要内容是什么？

建设中国特色社会主义法治体系，就是在中国共产党领导下，坚持中国特色社会主义制度，贯彻中国特色社会主义法治理论，形成完备的法律规范体系、高效的法治实施体系、严密的法治监督体系、有力的法治保障体系，形成完善的党内法规体系。

(1) 完备的法律规范体系。完备的法律规范体系是中国特色社会主义法治体系的前提，是法治国家、法治政府、法治社会的制度基础。它是以宪法为核心，由部门齐全、结构严谨、内部协调、体例科学、调整有效的法律及其配套法规所构成的法律规范系统。

(2) 高效的法治实施体系。建设高效的法治实施体系，是建设中国特色社会主义法治体系的重点。高效的法治实施体系，是指执法、司法、守法等各个环节有效衔接、协调高效运转、持续共同发力，实现效果最大化的法治实施系统。

(3) 严密的法治监督体系。严密的法治监督体系，是指以规范和约束公权力为重点建立的有效的法治化权力监督网络。它以有权必有责、用权受监督、违法必追究，坚决纠正有法不依、执法不严、违法不究行为等为主要任务，是宪法法律有效实施的重要保障，是加强对权力运行制约和监督的迫切要求。

(4) 有力的法治保障体系。有力的法治保障体系，是指在法律制定、实施和监督过程中形成的结构完整、机制健全、资源充分、富有成效的保障系统，包括政治和组织保障、人才和物质条件保障、法治意识和法治精神保障等。它是全面依法治国的重要依托。

(5) 完善的党内法规体系。建设完善的党内法规体系，是中国特色社会主义法治体系的本质要求和重要内容。完善的党内法规体系，是指科学、程序严密、配套完备、运行有效的党内制度及其运行、保障体系。

13. 全面依法治国的基本格局是什么？

"科学立法、严格执法、公正司法、全民守法"十六字方针，展现了全面依法治国的基本格局。推进全面依法治国，必须从立法、执法、司法、守法四个方面统筹推进。

(1) 科学立法。"立善法于天下，则天下治；立善法于一国，则一国治。"法律是治国之重器，立法是法治的龙头环节。科学立法以完善以宪法为核心的中国特色社会主义法律体系，加强宪法实施为目标。

(2) 严格执法。"天下之事，不难于立法，而难于法之必行。"法律的生命力在于实施，法律的权威也在于实施。严格执法以深入推进依法行政，加快建设法治政府为目标。

(3) 公正司法。"理国要道，在于公平正直。"公正是法治的生命线，是司法活动最高的价值追求。公正司法是维护社会公平正义的最后一道防线。要保证公正司法，提高司法公信力，努力让人民群众在每一个司法案件中都能感受到公平正义。

(4) 全民守法。"邦国虽有良法，要是人民不能全部遵循，仍然不能法治。"法律的权威源自人民的内心拥护和真诚信仰。全民守法以增强全民法治观念、推进法治社会建设为目标。

14. 如何正确理解坚持走中国特色社会主义法治道路？

走中国特色社会主义法治道路，必须坚持中国共产党的领导，坚持人民主体地位，坚持法律面前人人平等，坚持依法治国和以德治国相结合，坚持从中国实际出发。

(1) 坚持中国共产党的领导。党的领导是中国特色社会主义最本质的特征，是社会主义法治最根本的保证。社会主义法治必须坚持党的领导，党的领导必须依靠社会主义法治。法是党的主张和人民意愿的统一体现，党和法、党的领导和依法治国是高度统一的。全面依法治国，方向要正确，政治保证要坚强，不能把党的领导和依法治国二者对立起来。

(2) 坚持人民主体地位。坚持人民主体地位，必须坚持法治建设为了人民、依靠人民、造福人民、保护人民，以保障人民根本权益为出发点和落脚点，保证人民依法享有广泛的权利和自由、承担应尽的义务，维护社会公平正义，促进共同富裕，为保证人民当家作主提供坚实的法治基础。

(3) 坚持法律面前人人平等。坚持法律面前人人平等，要求公民不分民族、种族、性别、职业、家庭出身、宗教信仰、教育程度、财产状况、居住期限等，都应当平等享受公民权利、平等履行公民义务。坚持法律面前人人平等，一方面要求违法必究，一切违反宪法、法律的行为都必须予以追究；另一方面要求非歧视，即无差别地对待，特别要强调弱势群体合法利益的法律保护。

(4) 坚持依法治国和以德治国相结合。坚持依法治国和以德治国相结合，首先，要重视发挥道德的教化作用，提高全社会文明程度，为全面依法治国创造良好人文环境。其次，要把道德要求贯彻到法治建设中。以法治承载道德理念，道德才有可靠的制度支撑。最后，要运用法治手段解决道德领域突出问题。法律是底线的道德，也是道德的保障，要让败德违法者受到惩治、付出代价。

(5) 坚持从中国实际出发。坚持从中国实际出发，就是要突出法治道路的中国特色、实践特色、时代特色。要汲取中华传统法律文化精华，总结和运用党领导人民探索社会主义法治道路的成功经验，围绕社会主义法治建设重大理论和实践问题，推进法治理论创新，构建符合中国实际、具有中国特色、体现社会发展规律的社会主义法治理论和话语体系，为依法治国提供理论指导和学理支撑。同时，坚持走中国特色社会主义法治道路，还必须学习借鉴世界上优秀的法治文明成果，坚持以我为主、为我所用，合理吸收国外法治理论、法学概念、法律话语、法律方法，不搞"全盘西化""全面移植"。

15. 法治思维及其内涵是什么？

(1) 法治思维的含义。法治思维是指以法治价值和法治精神为导向，运用法律原则、法律规则、法律方法思考和处理问题的思维模式。法治思维包含以下几层含义：第一，法治思维是一种正当性思维；第二，法治思维是一种规范性思维；第三，法治思维是一种逻辑思维；第四，法治思维是一种科学思维。

(2) 法治思维的特征。法治思维与人治思维的区别集中体现在四个方面：

一是在依据上，法治思维认为国家的法律是治国理政的基本依据，处理法律问题要以事实为根据、以法律为准绳；而人治思维的本质是主张人高于法或权大于法，它片面强调依赖个人的魅力、德性和才智来治国平天下。

二是在方式上，法治思维以一般性、普遍性的平等对待方式调节社会关系，解决矛盾纠纷，坚持法律面前人人平等原则，具有稳定性和一贯性；而人治思维漠视规则的普遍适用性，按照个人意志和感情进行治理，治人者以言代法、言出法随、朝令夕改，具有极大的任意性和非理性。

三是在价值上，法治思维强调集中社会大众的意志来进行决策和判断，是一种"多数人之治"的思维，避免陷入无政府主义或以民主之名搞乱社会；而人治思维是个人说了算的专断思维。

四是在标准上，法治思维与人治思维的分水岭不在于有没有法律或者法律的多寡与好坏，而在于最高的权威究竟是法律还是个人。

(3) 法治思维的基本内容。一般来讲，法治思维主要包括法律至上、权力制约、公平正义、权利保障、正当程序等内容。

法律至上是指在国家或社会的所有规范中，法律是地位最高、效力最广、强制力最大的规范。法律至上要求这些规范都不得超越法律规范，不得与法律规范相抵触。

权力制约是指国家机关的权力必须受到法律的规制和约束。只有依法对权力的配置和运行进行有效制约和监督，才能防止权力私用、权力滥用和权力腐败。

公平正义是指社会的政治利益、经济利益和其他利益在全体社会成员之间合理、公平分配和占有。

权利保障主要是指对公民权利的法律保障，具体包括公民权利的宪法保障、立法保障、行政保护和司法保障。

正当程序是指只有严格按照法律程序办事办案，处理结果才可能公正并具有公信力和权威性。

16. 如何尊重和维护法律权威？

(1) 法律权威的含义：法律权威是指法律在社会生活中的作用力、影响力和公信力，是法律应有的尊严和生命。法律是否具有权威，取决于四个基本要素：

① 法律在国家和社会治理体系中的地位和作用，只有法律占主导地位和起决定作用，法律才具有权威；

② 法律本身的科学程度，只有法律反映客观规律和人类理性，法律才具有权威；

③ 法律在实践中的实施程度，只有法律在实践中得到严格实施和遵循，法律才具有权威；

④ 法律被社会成员尊崇或信仰的程度，只有法律反映人民共同意愿且为人民真诚信仰，法律才具有权威。

(2) 尊重和维护法律权威的重要意义：

① 社会主义法治观念的核心要求和建设社会主义法治国家的前提条件。

树立法律权威，是树立党和人民共同意志的权威；捍卫法律尊严，是捍卫党和人民共同意志的尊严。只有切实尊重和有效实施法律，人民当家作主才有保证，党和国家的事业才能顺利发展。

② 对于推进国家治理体系和治理能力现代化、实现国家的长治久安极为重要。当国家的最高权威系于法律时，任何组织和个人都不能拥有超越法律的特权，有助于保持政治与社会秩序的稳定和连续。

③ 实现人民意志、维护人民利益、保障人民权利的基本途径。从本质上讲，尊重和维护法律权威，就是尊重和维护人民的根本利益和其他合法权益的具体实践，也是尊重和保障人权的具体实践。

④ 维护个人合法权益的根本保障。在法治社会，有权威的法律能够威慑人、警示人、保护人，防范违法犯罪行为，能够增强个人的安全感。

(3) 尊重和维护法律权威的基本要求：

① 信仰法律。法律要发生作用，全社会都要信仰法律。如果对法律不信任，认为靠法律解决不了问题，而总是想找门路、托关系，或者采取极端行为，那就不可能建成法治社会。

② 遵守法律。要用实际行动捍卫法律尊严、保障法律实施。参与社会活动，实施个人行为，都要以法律为依据，不得违反法律规范。

③ 服从法律。应当拥护法律的规定，接受法律的约束，履行法定的义务，服从依法进行的管理，承担相应的法律责任。对一切依据法律和事实作出的决定，要真心接受与认可，并自觉执行。

④ 维护法律。争当法律权威的守望者、公平正义的守护者、具有良知的护法者。对违法犯罪行为，要敢于揭露、勇于抵制，消除袖手旁观、畏缩不前的恐惧心理，抵制遇事回避的惧法现象。

17. 怎样培养法治思维？

(1) 学习法律知识。学习和掌握基本的法律知识，是培养法治思维的前提。一个对法律知识一无所知的人，不可能形成法治思维。学习法律知识，就要求弄明白享有哪些权利和应当履行哪些义务，什么事能干、什么事不能干，心中高悬法律的明镜，手中紧握法律的戒尺。

(2) 掌握法律方法。法治思维的过程，就是运用法律方法思考、分析和解决法律问题的过程。理解和运用法律的基本方法，有助于培养法治思维。

(3) 参与法律实践。法治思维是在丰富的法律实践中训练、培养和应用的思维方式。脱离法治建设的生动实践，难以养成法治思维方式。只有通过参与各种法律活动，在法律实践中运用法律知识和方法思考、分析、解决法律问题，才能养成自觉的法治思维习惯。

18. 如何正确理解依法行使权利与履行义务？

(1) 法律权利的含义：法律权利是指反映一定的社会物质生活条件所制约的行为自由，是法律所允许的权利人为了满足自己的利益而采取的、由其他人的法律义务所保证的法律手段。

(2) 法律权利的特征。法律权利具有以下四个方面的特征：

第一，法律权利的内容、种类和实现程度受社会物质生活条件的制约。

第二，法律权利的内容、分配和实现方式因社会制度和国家法律的不同而存在差异。

第三，法律权利不仅由法律规定或认可，而且受法律维护或保障，具有不可侵犯性。

第四，法律权利必须依法行使，不能不择手段地行使法律权利。

(3) 法律义务的含义：法律义务是指反映一定的社会物质生活条件所制约的社会责任，是保障法律所规定的义务人应该按照权利人要求从事一定行为或不行为以满足权利人利益的法律手段。

(4) 法律义务的特征：

第一，法律义务是历史的。法律义务的内容和履行方式随着经济社会的发展和人权保障的进步而不断调整和变化。

第二，法律义务源于现实需要。一个国家或地区的制度性质、历史传统、文化背景、宗教信仰和安全形势等因素，会对法律义务的设定产生重要影响。

第三，法律义务必须依法设定。法律义务必须由具有法律职权的国家机关依照法律程序设定，其他国家机关不得对公民违法设定法律义务。

第四，法律义务可能发生变化。公民和社会组织承担的法律义务，在履行的过程中可能会因法定情形变更、消灭，或产生新的法律义务。

(5) 法律权利与法律义务的关系：法律权利与法律义务的关系就像一枚硬币的两面，不可分割，相互依存。首先，法律权利和法律义务是相互依存的关系，法律权利的实现必须以相应法律义务的履行为条件，同样，法律义务的设定和履行也必须以法律权利的行使为根据，不存在没有权利根据的法律义务。其次，法律权利与法律义务是目的与手段的关系。离开了法律权利，法律义务就失去了履行的价值和动力；离开了法律义务，法律权利也形同虚设。最后，有些法律权利和法律义务具有复合性的关系，即一个行为可以同时是权利行为和义务行为，如劳动的权利和义务，接受义务教育的权利和义务。

19. 如何正确理解依法行使法律权利的含义？

(1) 我国宪法法律规定的基本权利主要包括政治权利、人身权利、财产权利、社会经济权利、宗教信仰及文化权利等。

① 政治权利，是公民参与国家政治活动的权利和自由的统称，主要包括：一是选举权利，即选举权与被选举权，是指人们参加创设或组织国家权力机关、代表机关所必需的选举权和被选举权。二是表达权，即公民依法享有的表达自己对国家公共生活的看法、观点、意见的权利。三是民主管理权，即公民根据宪法法律规定，管理国家事务、经济和文化事业以及社会事务的权利。四是监督权，即公民依据宪法法律规定监督国家机关及其工作人员活动的权利。

② 人身权利，是指公民的人身不受非法侵犯的权利，主要包括：一是生命健康权，即维持生命存在的权利。二是人身自由权，即公民的人身自由不受非法搜查、拘禁、逮捕等行为侵犯的权利。三是人格尊严权，即与人身有密切联系的名誉、姓名、肖像等不容侵犯的权利。四是住宅安全权，也称住宅不受侵犯权，即公民居住、生活、休息的场所不受非法侵入或搜查的权利。五是通信自由权，是指公民通过书信、电报、传真、电话及其他通信手段，根据自己的意愿进行通信，不受他人干涉的权利。

③ 财产权利，是指公民、法人或其他组织通过劳动或其他合法方式取得

财产和占有、使用、收益、处分财产的权利。财产权主要包括：一是私有财产权，我国宪法规定，公民合法的私有财产不受侵犯；二是继承权，是指继承人依法取得被继承人遗产的资格。

④ 社会经济权利，是指公民要求国家根据社会经济的发展状况，积极采取措施干预社会经济生活，加强社会建设，提供社会服务，以促进公民的自由和幸福，保障公民过上健康而有尊严的生活的权利。主要包括：一是劳动权，是指一切有劳动能力的公民有获得劳动的机会和适当的劳动条件和报酬的权利；二是休息权，是指劳动者在付出一定的劳动以后所享有的休息和休养的权利，是劳动权存在和发展的基础；三是社会保障权，是指公民享有国家提供维持有尊严的生活的权利。四是物质帮助权，是指公民在法定条件下获得国家物质帮助的权利。

⑤ 宗教信仰及文化权利，是指公民依法享有的与宗教信仰活动和文化生活相关联的自由和权利的总称，主要包括宗教信仰自由、文化教育权利等。

(2) 行使法律权利的界限：依法行使法律权利要求公民行使权利时应严格依据法律进行，以法律的相关规定为界限，超出这个边界就可能侵犯到他人的权利或者损害到国家、社会的利益。

① 权利行使的目的。公民在行使法律权利时，不仅要在形式上符合相关法律的规定，也要符合立法意图和精神，不得违反宪法、法律确定的基本原则，保障权利行使的正当性。

② 权利行使的限度。任何权利的行使都不是绝对的，都有其相应的限度，必须依照法律规定的限度来行使权利。我国宪法规定，公民在行使自由和权利时，不得损害国家的、社会的、集体的利益和其他公民的合法的自由和权利。

③ 权利行使的方式。权利行使的方式分为口头方式、书面方式和行为方式，有时口头方式和书面方式可以兼用。权利行使还可分为直接行使和间接行使，前者指权利主体直接行使权利，后者则指由其法定代理人或者委托代理人代为行使权利。

④ 权利行使的程序。由于一个人行使权利的过程可能就是另一个人履行

义务的过程,所以程序正当原则同样适用于权利行使过程。通常情况下,行使权利的程序是法律规定的。

20. 如何正确理解依法履行法律义务?

(1) 公民应履行的基本法律义务。我国宪法规定的公民应履行的基本法律义务包括:维护国家统一和全国各民族团结的义务;遵守宪法和法律,保守国家秘密、爱护公共财产、遵守劳动纪律、遵守公共秩序、尊重社会公德的义务;维护祖国安全、荣誉和利益的义务;保卫祖国、抵抗侵略和依法服兵役、参加民兵组织的义务;依法纳税的义务。此外,公民还有劳动的义务和受教育的义务,夫妻双方有实行计划生育的义务,父母有抚养教育未成年子女的义务,成年子女有赡养、扶助父母的义务等。

(2) 违反法定义务应当承担的法律责任:公民未能依法履行义务,根据情节轻重,应当承担相应的法律责任。具体的法律责任主要包括民事责任、行政责任和刑事责任。

① 民事责任是指由于违反民事法律规定、违约或者由于民法规定所应承担的一种法律责任。民事责任主要是财产责任,也可以是以人身、行为、人格等为责任承担内容的非财产责任;民事责任主要是一方当事人对另一方的责任;民事责任主要是补偿性的。在法律允许的条件下,民事责任可由当事人协商解决。

② 行政责任是指因违反行政法或因行政法规定而应承担的责任。对行政违法者的制裁包括行政处罚和行政处分。行政处罚是由国家行政机关对违反行政法律规定的行政相对人所实施的法律制裁;而行政处分是指国家行政机关对违反法律规定的行政人员所实施的法律制裁。

③ 刑事责任是指行为人因其犯罪行为所必须承担的由国家司法机关代表国家依法所确定的否定性法律后果,即行为人实施刑事法律禁止的行为所必须承担的法律后果,负刑事责任意味着应受刑罚处罚。根据我国刑法的规定,刑事处罚包括主刑和附加刑两部分。主刑包括管制、拘役、有期徒刑、无期徒刑和死刑;附加刑包括罚金、剥夺政治权利和没收财产。